LES COMÉDIES DE LA BONNE CONSCIENCE

DU MÊME AUTEUR

Cécilia, Flammarion, 2008 (sous le nom d'Anna Bitton)
Villepin. La verticale du fou, Flammarion, 2010
Inapte à dormir seule, Grasset, 2010
Juppé. L'orgueil et la vengeance, Flammarion, 2011
Entre deux feux, Grasset, 2012 (avec Anne Rosencher)
Quelques minutes de vérité, Grasset, 2016
Un fantasme nommé Juppé, Stock, 2016

ANNA CABANA

LES COMÉDIES DE LA BONNE CONSCIENCE

BOUQUINS

récit

92, avenue de France 75013 Paris
ISBN : 978-2-38292-549-2
Dépôt légal : novembre 2023

à Mia
à Jean-Michel

« Une mauvaise conscience peut rendre
la vie intéressante. »

Søren Kierkegaard,
Le Journal du séducteur

Prologue

Juste une petite goutte de sang

J'ai écrit ce livre avec «mauvaise conscience». Comme titre de travail, s'entend. La mauvaise conscience m'est d'autant plus chère que je suis horrifiée par les tours et détours de la bonne conscience.

Le mécanisme est aussi vieux que le monde : parce qu'elle est un confort, un repos de l'esprit, souvent une paresse, une pensée automatique sûre d'elle-même, la bonne conscience est l'alibi de tous les conformismes. Leur simple énumération suffit à révéler l'étendue des dégâts : le politiquement correct, l'intellectuellement correct, l'écologiquement correct, le médiatiquement correct, l'hygiéniquement correct, l'universitairement correct. Autant de maux d'époque nourris par les passions tristes des donneurs de leçons. Leur *moraline* fait une victime : la liberté. La vôtre, la mienne, la nôtre.

C'est peu de dire que tout cela donne envie de se précipiter dans les bras de la mauvaise conscience. Avec ce qu'elle implique : l'intranquillité, l'inquiétude de l'esprit, la pensée contre soi-même. Seules susceptibles de nous armer pour résister à la fureur des temps.

Ce fut pour moi l'objet d'une conversation édifiante avec Laurent Wauquiez au printemps 2013. Moment où, pour appuyer un appel à « un sursaut moral des politiques », il révéla son patrimoine à l'euro près dans la presse. Et nous apprîmes ce que nous n'avions ni besoin ni envie de savoir : il avait un PEA de 120 euros, 500 euros d'assurance-vie, 577 euros sur un CEL, et son compte courant au Crédit agricole présentait un solde créditeur de 2 500 euros. L'affaire Cahuzac était passée par là et Laurent Wauquiez avait décidé de montrer qu'il était à l'avant-garde du combat pro-vertu.

Pourquoi lui – qui n'a l'excuse d'ignorer ni l'histoire ni la philosophie ?

Pourquoi ça ?

Moi : Mais enfin tu sais bien qu'il n'y a aucune bonne raison, jamais, de prendre le parti de la bonne conscience inquisitrice contre celui de la liberté !

Lui : Ce n'est pas de gaieté de cœur, crois-moi, mais l'affaire Cahuzac nous a fait entrer dans une nouvelle ère.

Moi : Je ne vais pas t'apprendre que les injonctions à la transparence sont bien souvent les prémisses du totalitarisme...

Lui : Tant pis. C'est juste un mauvais moment populiste et voyeuriste à passer. Cette phase d'hystérie n'aura qu'un temps. C'est indispensable pour assainir le système. Ne t'inquiète pas, petit à petit ce fantasme va se dégonfler. De toute façon on n'a pas le choix. L'alternative est simple : soit la transparence, soit le « tous pourris ». Entre les deux, je te confirme que je choisis la transparence. Il y a la nécessité de basculer vers une démocratie nordique. La transition vers une autre ère démocratique est douloureuse, mais après ce sera mieux parce que tout le monde sera habitué.

Moi : Ne vois-tu pas qu'au lieu de tirer le débat vers le haut, tu cèdes à la facilité et flattes les bas instincts ?

Lui : S'agripper à la défense du monde ancien serait vain. Il vaut mieux enfourcher la fureur des temps pour tenter de la maîtriser.

Aujourd'hui je suis incapable de dire quoi que ce soit du corps, des yeux ou de la voix de Laurent Wauquiez pendant cet échange. Dans mon carnet, il n'y a aucune annotation entre crochets, et Dieu sait si mes cahiers en sont pleins. Là, rien. Je n'ai gardé en mémoire que le frisson qui m'a saisie des pieds à la tête. Depuis, chaque fois que le moralisme fait des siennes – presque tous les jours, ces temps-ci… –, c'est cette curieuse expression qui me revient : « La fureur des temps ».

Cette « fureur »-là ne se donne pas forcément la peine de faire du bruit : insidieusement, elle est devenue l'air du temps. Un air lourd et suspicieux. Si vous refusez de vous soumettre et de ranger votre liberté au vestiaire, c'est que vous avez quelque chose à cacher. C'est que vous avez… mauvaise conscience. Prenez le site d'investigation *Mediapart*, qui est le symptôme le plus abouti de cette dialectique : sa force est d'être passé maître dans l'art de nourrir sa bonne conscience avec notre mauvaise conscience.

Mediapart n'est pas seul à avoir transformé le journalisme en tribunal d'inquisition. Au nom de la morale, évidemment. En plus de vingt ans passés dans les rédactions, j'ai pu observer cette tectonique des plaques ; et voir comment ma profession s'est confrontée à la tentation du Chevalier blanc. Et comment elle y a cédé trop souvent, de plus en plus souvent. L'impulsion a été donnée par les jeunes générations sorties des écoles de journalisme, pétries de pseudo vertu et soucieuses, avec leur petit air de j'ai-vingt-cinq-ans-mais-je-vais-t'expliquer-la-vie, de donner mauvaise conscience à des aînés qui auraient fauté par connivence.

Si ces moralisateurs se contentaient de bousculer des habitudes ou le vieil ordre des choses, ce pourrait être utile. Mais non : ils prétendent purifier – et ils sont prêts, au nom du bien, à faire le mal. « J'aime la petite dague très fine qui rentre dans la chair et juste une petite goutte de sang. Les meilleurs papiers, c'est ça », confia à la journaliste Sophie des Déserts le héros des chevaliers blancs, Edwy Plenel.

Au commencement, la bonne conscience est d'essence religieuse. Il suffisait de se conformer au dogme. Église le dimanche, confession régulière, bons sentiments, sacrements et indulgences. Aujourd'hui, elle est devenue profane ou iconoclaste. Mais, sans doute parce qu'elle a inconsciemment gardé un soubassement religieux, la bonne conscience a toujours son clergé. Il n'a pas été ordonné, il ne porte pas d'habit, rien ne l'identifie, rien ne le distingue, il est diffus, il répand une petite musique d'ambiance culpabilisante ; quand il s'organise – en associations ou en partis politiques –, il relève les manquements de « celles-et-ceux » qui sont « impurs ». Montant en chaire comme autrefois, ces nouveaux inquisiteurs ont gardé de leurs devanciers la conviction intime qu'il faut toujours, quoi qu'il arrive, être du côté du manche.

Le reste du monde, nous tous, est traversé par ce prêchi-prêcha permanent : pleins de mauvaise conscience, nous essayons d'accéder, par humilité et par conformisme, à un peu de bonne conscience. Alors, pour le salut de notre âme, nous payons le tribut nécessaire, contraints de faire procession derrière les statues que les nouveaux prêtres font circuler sur la voie publique – désormais virtuelle.

C'était mieux avant, non ? Il était plus simple de discerner ce qu'il y avait d'irrationnel dans les diktats de naguère – il n'y a pas si longtemps – que dans les oukazes d'aujourd'hui. Plus simple de défendre l'individu contre l'étau des totalitarismes d'hier que la personne humaine contre la pieuvre de l'actuel bon sentiment. Et, lorsque l'on y réussit, plus difficile encore d'échapper à l'hubris du mauvais sentiment agité par des réactionnaires contemporains qui profitent des excès de la nouvelle inquisition pour déguiser leurs fantasmes de régression en aspiration à la liberté.

Qu'on ne s'y trompe pas : tenter de reconstituer, pièce après pièce, le puzzle des méfaits de la bonne conscience, n'est pas une façon d'instruire un procès contre la conscience. C'est tout l'inverse. La mauvaise conscience est la conscience par excellence. Victor Hugo l'a génialement démontré en intitulant «Conscience», sans préciser mauvaise, ce poème foudroyant où Caïn, condamné par Dieu à fuir sans fin parce qu'il a assassiné son frère Abel, est poursuivi par «l'œil». Partout, derrière chaque mur qu'il dresse pour ne plus être vu et pour ne plus voir, «l'œil» le rattrape et le regarde. Jusque sous la terre, jusque dans son sépulcre.

«Quand il se fut assis sur sa chaise dans l'ombre
Et qu'on eut sur son front fermé le souterrain,
L'oeil était dans la tombe et regardait Caïn.»

Vers inoubliables. Cet «œil», c'est sa conscience, la mauvaise. Celle qui rattache Caïn-le-fratricide à l'humanité. Le fait d'éprouver de la mauvaise conscience signe son appartenance au genre humain. Il en va de même pour «Le parricide», un autre poème, moins connu mais pas moins transperçant, de *La Légende des siècles* : Kanut, qui a tué son père, «vieillard presque en démence», devient «un grand roi», «plus triomphant que la gerbe des blés.» «Il fut héros, il fut géant, il fut génie», s'enflamme Hugo, qui nous offre une trentaine de vers à sa gloire avant d'en arriver à sa mort. L'évêque vient dire une prière, «*Et chanter sur sa tombe un hymne, déclarant / Que Kanut était saint, que Kanut était grand*», mais la paix se refuse au défunt. Marchant dans les ténèbres à la recherche de Dieu, il commence par se tailler un linceul dans la neige; tombe une goutte de sang, puis une autre, «une autre, une autre, une autre, une autre, ô cieux funèbres!» Son linceul devenu rouge, il ne peut paraître «devant le juge au front duquel le soleil luit».

La goutte de sang hugolienne ne saurait être confondue avec celle traquée par la dague d'Edwy Plenel : elle n'a rien à voir avec la gourmandise sanguinaire dont se régale à l'avance le grand inquisiteur; elle est le supplice mérité que sa conscience inflige au parricide en se rappelant à lui aux portes de l'au-delà.

«C'est pourquoi ce roi sombre est resté dans la nuit,
Et, sans pouvoir rentrer dans sa blancheur première,
Sentant, à chaque pas qu'il fait vers la lumière,
Une goutte de sang sur sa tête pleuvoir,
Rôde éternellement sous l'énorme ciel noir.»

Kanut est damné non par son crime, mais par sa bonne conscience. Il avait en effet «oublié» le parricide, précise le poète, mais sa (mauvaise) conscience a triomphé de cet oubli : c'est elle qui, en le privant du jugement dernier, le condamne à l'errance à perpétuité. Bonjour conscience.

Même quand elles me consternent, et peut-être surtout quand elles me consternent, les comédies de la bonne conscience ont le don de me faire rire d'elles, et d'eux, et de moi, et de nous. Je ne me lasse pas de les regarder, depuis le balcon ou l'orchestre.

Je me suis amusée à repérer les nuances de mauvaise conscience – qui sont au moins aussi nombreuses que les variations de gris – en ville et à la plage, à droite et à gauche. La mauvaise conscience n'a pas de camp : elle est passée par ici, elle repassera par là. Vous la cherchez à droite, et bien entendu vous la trouvez, mais c'est presque trop facile ; elle se cache beaucoup à gauche. La bonne conscience, c'est pareil dans le sens inverse : la gauche est loin d'en avoir l'apanage ; elle nous surveille tous. Ne croyez pas qu'elle épargne le politiquement incorrect. Lui aussi peut revêtir la forme d'un prêt-à-penser qui, tout autant que son pendant politiquement correct, met la réflexion au chômage technique. Il n'est que de jeter un œil au flux ininterrompu et mécanique de messages néo-complotistes que Florian Philippot et ses adeptes postent sur les réseaux sociaux : le président des Patriotes se saisit du moindre débris d'actualité pour stigmatiser les « mensonges » de l'*establishment* mondialisé – les « mensonges » des « covidistes » (*sic*) sur les vaccins, les « mensonges » de Volodymyr Zelensky, les « mensonges » des tenants du Pass Carbone, et ainsi de suite, en boucle. C'est la bonne conscience de la mauvaise conscience. Notez qu'ils y perdent au passage le bénéfice de la mauvaise conscience – lequel, il faut le répéter, est grand : en vous tourmentant sans relâche, la mauvaise conscience vous met sur les charbons ardents de l'insécurité. Ce qui peut être fécond. Au moins intellectuellement.

Quand j'ai débuté comme journaliste politique à *Marianne*, j'étais – notamment – chargée de suivre ceux dont Jean-François Kahn, le patron-gourou du journal, entendait se servir comme de vilains épouvantails : « Les libéraux. » Ainsi JFK les désignait-il, en postillonnant son dégoût. « Les libéraux » s'appelaient Alain Madelin, Gérard Longuet, Hervé Novelli, François Goulard et quelques autres dont les noms sont tombés dans les oubliettes de l'histoire politique française. J'ai vite éprouvé de l'estime pour leur intelligence affûtée par ce statut de minoritaires décrété par la majorité d'une classe médiatico-politique qui n'avait de cesse de les disqualifier. Il fallait entendre Claude Chirac asséner avec dédain, quand Alain Madelin et Nicolas Sarkozy présentèrent une liste commune aux élections européennes de 1999 : « Politiquement, ils sont repoussants ! » *Marianne* n'aurait pas mieux dit, qui réservait aux « libéraux » une place de choix : celle de vedettes conspuées des premières pages du journal baptisées « Tu l'as dit bouffi », et dont JFK se faisait fort de rédiger les deux tiers.

« Vous les aimez trop ! » me reprochait le même JFK. À ses yeux, un journal était un parti politique en soi. *Marianne* étant anti-libéral, j'aurais dû canarder sans relâche ces affreux jojos. Au lieu de quoi je tentais de restituer leurs états d'âme de parias et leur besoin de montrer patte blanche : « Je suis un libéral mais je ne mords pas. » À l'exception d'Alain Madelin qui, lui, avait opté pour la mauvaise conscience au carré : « Puisque les journalistes ont décidé que je ne suis pas politiquement aimable, je ne vais pas, en plus, me fatiguer à chercher à leur plaire ; dès 8 heures du matin, je leur crache au visage la fumée de mon cigare sans même faire mine de leur demander si cela les dérange ; s'ils ne sont pas contents, qu'ils aillent voir ailleurs si j'y suis. »

Pour résister à la « fureur des temps », il n'y a pas un dogme à opposer à un autre, simplement quelques réflexes à adopter, presque des exercices spirituels, une hygiène mentale. Braver les vents dominants. S'astreindre au pas de côté. Ne pas avoir peur des cas de conscience, au contraire : aller au-devant d'eux. D'un cas de conscience à l'autre. Encore et en corps. Les corps vous disent presque tout ce que vous voulez savoir. Pourvu qu'on les regarde.

Pas de sentiment

Il est des êtres dont on se demande s'ils seront un jour ne serait-ce que traversés par un soupçon de mauvaise conscience. Jamais je n'oublierai les éclairs de fureur jetés par les yeux d'un Dominique Strauss-Kahn sortant avec des menottes du commissariat de Harlem après 30 heures d'audition, le 14 mai 2011. Dans le maelström provoqué par cet événement déflagratoire, tout le monde semblait s'être mis d'accord pour décrire le menotté comme un homme à la mine « défaite », « blême » et « hagarde ». Je n'ai rien observé de tel. Pendant ces quelques secondes de marche flanquée de deux policiers, j'ai vu une détermination indignée. Des yeux qui tenaient tête à la planète. Deux billes noires étincelantes de colère sous une barre de sourcils froncés. Alors bien sûr, DSK semblait épuisé, le visage ombré par l'absence de rasage et allongé par la lassitude, le col de son pardessus mal rabattu, le bouton de chemise ouvert au-dessus de la ceinture. Mais il m'apparut comme transfiguré par cette colère sombre et fière. *Exit*, le détachement. Envolée, l'indifférence. Ce jour-là, mais sans doute est-ce mon goût pour les personnages de tragédie, j'ai pensé que, débarrassé de son dandysme par la gravité des circonstances, il n'avait jamais été aussi beau.

J'ai visionné et revisionné ces images à d'innombrables reprises, peut-être une centaine, à l'affût du moindre indice de mauvaise conscience. Rien. Je viens de les regarder une fois encore, au moment d'écrire ces lignes. Il faut voir comment, pas une seconde, il n'a baissé les yeux devant les objectifs qui le mitraillaient ; comment il leur a fait face, le menton haut, lui d'ordinaire si prompt à l'esquive. Il se tenait droit comme on ne l'en croyait plus capable. La colère est un formidable redresseur de colonne vertébrale.

Deux jours plus tard – par lui passés en garde à vue –, on le retrouvait au tribunal pénal de Centre Street, à Manhattan, pour une audience de vingt-six minutes. Le procureur avait retenu contre lui sept chefs d'accusation, dont viol et agression sexuelle. Il risquait entre 15 et 74 années de prison. Il n'a pas proféré un mot, pas une exclamation, pas même un râle. Il a gardé les lèvres orgueilleusement scellées, y compris quand la juge Melissa Jackson annonça qu'elle rejetait la demande de libération sous caution et qu'elle ordonna son incarcération immédiate à Rickers Island. Son regard n'était pas désespéré, pas même accablé, mais outré par le mauvais procès qui lui était fait. On devinait que s'il avait ouvert la bouche, c'eût été pour fulminer.

Quand, plus de deux ans après, DSK a accepté, pour CNN, de revenir sur cette *Perp walk*, il a confirmé ce que j'avais alors perçu en l'observant : «J'étais en colère.» Il a dit ça comme s'il parlait d'un autre. À cet instant, clairement, il ne ressentait plus grand chose. Il enchaînait des phrases sans émotion : «Je ne comprenais pas ce qui se passait, je ne comprenais pas pourquoi j'étais là. Je comprenais juste qu'il se passait quelque chose que je ne comprenais pas. On vous montre à tout le monde comme si vous étiez un criminel, à un moment où personne ne sait si c'est vrai ou pas. Vous êtes peut-être un criminel, peut-être pas. La preuve vient après. Ce n'est pas juste de mettre les gens dans cette position devant le reste du monde quand on ne sait pas ce qu'ils ont fait. C'est une chose terrible, vraiment.»

Mais rien ne vibrait, ni les mots, ni la voix, ni le corps. Pas de sentiment ! Il était pressé de passer à la question suivante.

Juillet 2023, douze ans après les billes de colère, je le retrouve petit-déjeunant avec sa femme Myriam et le fils cadet de cette dernière au Mirage, l'hôtel de Tanger dressé à flanc de falaise au-dessus de la mer à quelques encâblures de l'endroit où la Méditerranée et l'Atlantique se rejoignent. Est-ce le soleil et le sel qui ont tout lavé-délavé ? L'œil paraît noyé, comme rincé, sans autre couleur que celle du désabusement, lui-même fondu dans un visage trop hâlé. L'orgueilleuse colère n'est même plus un souvenir. Il faut bien du talent à sa barbe pour être blanche sans paraître le moins du monde vénérable. Le dandysme a fini par tout écraser. DSK est tassé dans sa chaise. Son corps avait commencé de se replier sur lui-même bien avant d'être traqué, mais à présent il en est arrivé au point de ne plus pouvoir se déplier complètement.

Sa bouche proclame muettement que rien n'est :
ni vraiment important
ni vraiment grave
ni vraiment beau
ni vraiment bien
ni vraiment mal.

Je ne dis pas qu'il a tort, il a peut-être raison, mais à quoi bon ? N'est-ce pas triste de ne jamais l'être vraiment – et donc jamais vraiment joyeux non plus – parce que l'on est mithridatisé contre les grands sentiments, les grands enchantements, les grands emportements, les grands mouvements de l'âme, les grandes mauvaises consciences ? Ça permet, bien sûr, d'éviter d'être dévasté par de grands tourments. De traverser le pire et d'en ressortir sans trop de casse intérieure. Mais qui a déjà vu DSK rire aux éclats ? S'il avait réussi à triompher de son cynisme et à être enfin touché par la légèreté qu'il cherche de manière aussi vaine que frénétique, ses lèvres s'en souviendraient.

Dans quelques minutes, il s'en ira comme il est venu. Le pas trop lourd.

Tir aux pigeons

Loge maquillage de BFMTV, un soir de mai 2023. Roselyne Bachelot arrive, encore plus spectaculaire que d'ordinaire, dans un costume en satin noir et blanc agrémenté de deux gros boutons brillants bombés, tels des têtes de bouchons en cristal. Au-dessus du cœur, une exubérante broche en strass.

On lui fait compliment de tout ce scintillement. Elle remercie avec le sourire accoutumé et néanmoins satisfait d'une artiste de scène rompue aux ovations. Et d'effleurer sa broche du bout des doigts. « Elle m'a coûté trois francs six sous. Mais c'est vrai qu'elle en jette ! » Retentit le gloussement ironique qui la caractérise entre toutes.

— La dernière fois que j'ai porté cette broche ici, déclare-t-elle, c'était il y a une paire de mois, Sandrine Rousseau était dans la loge quand j'y suis entrée. Une productrice de BFMTV m'a fondu dessus en me demandant où j'avais déniché un truc aussi incroyable. Et vous savez ce qu'a dit Sandrine Rousseau : « Qu'est-ce qui vous dit qu'elle n'a pas été fabriquée par des enfants dans une cave ? »

Roselyne Bachelot ne rit pas, ce disant.

— Que lui avez-vous répliqué ? on demande.

— Rien…

— Quoi, rien ? Vous qui avez le sens de la répartie le plus aiguisé et le plus cinglant de Paris… ?

— Oui, rien. Elle m'a séchée. Comme au tir aux pigeons. J'étais le pigeon. Bam. Sur le coup, je n'ai vraiment pas su quoi répondre. Et ensuite, trop tard, elle avait tourné les talons et quitté la pièce…

Pause.

— Le pire, c'est qu'elle avait peut-être raison.

Où l'on voit de quel côté est la mauvaise conscience.

« Dans les fourrés »

Magie ou sorcellerie ? Quand j'ai rencontrée Nathalie Kosciusko-Morizet, il y a un peu plus de vingt et un ans, j'ai été d'emblée fascinée par les libertés folles qu'elle prenait avec la mauvaise conscience. Elle ne l'ignorait pas, oh non, mais elle la toisait de toute sa force – qui était grande – et de toute sa superbe – plus grande encore. Au point d'être parvenue à s'en affranchir.

Notre affranchie de la conscience avait 29 ans et venait d'arriver à l'Assemblée nationale ; un certain Pierre-André Wiltzer, tombé dans l'oubli depuis, n'avait été nommé ministre – à la Coopération et à la Francophonie – que pour permettre à sa suppléante, déjà décidée à se faire appeler NKM, de récupérer son siège de député de l'Essonne. Jacques Chirac y avait veillé personnellement, avec le concours de son conseiller Jérôme Monod. Il n'était pas si fréquent, et ces deux machos aussi accomplis qu'impénitents le savaient bien, de tomber sur une ravissante jeune femme à peine sortie de l'enfance – ainsi la regardaient-ils, du haut de leur bienveillance virilo-condescendante – revendiquant crânement une ambition d'homme.

Elle savait faire valoir ses arguments : un diplôme de polytechnicienne, un intérêt pour ce que l'on appelait encore l'environnement, les manières d'une aristocrate déjantée, les cils battants – mais uniquement quand ça en valait la peine; le reste du temps elle toisait son monde, elle n'appartenait pas à la catégorie des politiques « séducteurs de poignées de portes » prêts à faire les yeux doux à tout ce qui leur est donné de croiser. NKM, elle, a toujours choisi à qui elle souriait.

En un mot comme en cent, il n'y en avait pas deux comme elle.

Sans parler de ses cheveux. Je crois qu'ils m'ont autant aimantée qu'ils ont attisé les préventions de Patrick Devedjian. Lorsqu'avant d'être propulsée dans l'Essonne par Jérôme Monod, NKM avait tenté d'être candidate dans les Hauts-de-Seine, Patrick Devedjian, le parrain du département, avait buté sur le mur de ses cheveux qu'elle avait longs jusqu'aux fesses : « Tu ne seras jamais élue tant que tu ne les feras pas couper. Et quelle étrange couleur ! C'est ça qu'on appelle blond vénitien ? » Elle avait répondu non. Deux fois non.

Non pour le blond vénitien – elle n'allait quand même pas laisser sa singularité être réduite à des termes si banals, elle était unique, nom de nom, qui pourrait prétendre le contraire ? Le paléontologue Yves Coppens ne lui avait pas encore révélé le secret de la couleur poil de mammouth, ce qui aux yeux de NKM était une désignation acceptable, parce que jamais vue jamais entendue. Voilà pour le premier « non ».

Le second : non pour la coupe, et puis quoi encore ?

Pour détendre la conversation, Patrick Devedjian tenta alors de se faire pédagogue : « Tu sais, les coiffures travaillées à l'antique sont inéligibles. » Là encore, il passait à côté – de la fille et du sujet. Ce qu'il appelait « coiffure » était une façon d'être : NKM nattait ses cheveux d'une main d'experte qui n'a pas besoin de le prouver et qui peut se permettre de penser à autre chose – de sacrément plus important : elle ne cherchait ni la parfaite tripartition, ni le serrage impeccable, ni rien qui la mettrait dans la catégorie – par elle méprisée – des maniaques du paraître petit-bourgeois. Elle n'était pas de ce monde-là.

NKM avait de la branche. De la branche pontificale côté maternel, où l'on descendait des comtes Treuille. De la branche politique côté paternel : un arrière-grand-père sénateur, membre fondateur du PCF et maire SFIO de Boulogne-Billancourt ; un grand-père résistant gaulliste, ambassadeur de France et secrétaire national du RPR ; et un père maire UMP de Sèvres. Une vraie lignée.

De quoi se prendre pour une aristocrate. Les aristocrates, et c'est du reste l'une de leurs caractéristiques les plus sympathiques, tiennent à afficher un rapport très libre aux conventions bourgeoises, faites pour les autres, ceux qui n'ont pas été élus… par les Dieux.

Une fois sa chevelure tressée, NKM enroulait la natte au-dessus de sa nuque avant de faire glisser dans la masse ainsi formée quelques épingles à chignon pour faire mine de dompter le tout. Ce n'était jamais vraiment droit, c'était chaque jour un poil différent, une composition baroque, sauvage et insaisissable. Comme elle. Un jour, beaucoup plus tard, peut-être parce qu'elle avait fini par croire à cette fable trop répandue selon laquelle l'étrangeté serait une entrave, sans doute parce qu'elle a pensé qu'il fallait renoncer à certaines des intransigeances de l'enfance, et puis Nicolas Sarkozy préférait les cheveux moins déraisonnablement longs, bref, pour une série de mauvaises raisons, un jour elle finit par couper. Mais c'est une autre histoire.

Dans celle que je veux raconter, elle n'a renoncé à rien. Elle est étincelante d'elle-même. Nous sommes à l'automne 2004. Quelques mois plus tôt, Laurent

Wauquiez, ses 29 ans, son pedigree de premier de toutes les classes et son vélo rouillé sont arrivés à l'Assemblée nationale. Contrairement à NKM qui n'a pas eu à en passer par les urnes, pour lui ce fut à la faveur d'une élection législative partielle – remportée avec plus de 62 % des voix – après la démission de son mentor Jacques Barrot, nommé commissaire européen. Si le nom de Jacques Barrot est un brin plus connu que celui de Pierre-André Wiltzer, ce hiérarque pincé et sérieux n'a jamais fait les gros titres. Il est celui qui prit sous son aile d'élu aguerri le jeune hyper-ambitieux-ultra-diplômé et le parraina auprès de tout ce qui compte en Haute-Loire, celui qui lui offrit son étiquette proprette de démocrate-chrétien – ce que Laurent Wauquiez n'a jamais été, mais le microcosme ne prendra conscience de cette méprise qu'en 2011, quand «le fils politique de Barrot» rompra la gangue centriste pour dénoncer publiquement le «cancer de l'assistanat».

NKM n'a pas attendu ce moment-là pour se méfier de lui. Immédiatement, elle a détecté le rival dans ce grand jeune homme de deux ans de moins qu'elle qui avait l'outrecuidance de vouloir la même chose qu'elle : tout, tout de suite.

«Vous savez comment Wauquiez a fait pour que Barrot lui lègue sa circo? Il se faisait enculer par lui dans les fourrés !» Elle avait lâché ça en penchant légèrement la tête sur le côté, comme elle le faisait quand elle voulait faire glisser la conversation sur un terrain plus personnel. Ce penché, qu'elle savait assortir d'un petit sourire charmeur qui était une invite à la suivre, était sa posture, toujours la même, pour vous confier des secrets ou vous prier de lui en confier. Ce jour-là, en face d'elle, nous étions deux : Nicolas Domenach et moi. Nous déjeunions dans un restaurant près de la rue de La Boétie, où se trouvait le siège de la première UMP. Ce jour-là, en plus du penché et du sourire, elle avait dans l'œil un éclat mutin-malin dont j'aurais juré qu'il brillait de l'inconscience de l'horreur des mots qu'elle venait de prononcer.

Je savais à quel point elle se plaisait à jouer, en se l'appropriant, avec le vocabulaire cru et canaille des charretiers de la Chiraquie. Dans sa bouche à elle, avec en prime son petit zozotement, le juron jurait au carré, et c'était délice, pensait-elle.

Ce qui est sûr, c'est que si elle voyait le mal, c'était un mal pour un bien. Le bien, c'était elle. Pour qu'elle puisse devenir l'Élue – elle était convaincue que les Dieux en avaient décidé ainsi, et que bientôt les hommes suivraient –, il ne fallait s'embarrasser ni de scrupules ni de rivaux en herbe – et encore moins en fourrés… Mais restons sérieux. Parce que NKM est un cas d'école. Un cas de conscience. La sienne, mais aussi la mienne. Est-ce que je n'ai pas voulu voir? J'ai cherché sur son visage la vilaine ombre que projette la méchanceté quand elle passe. Je n'ai pas décelé le moindre stigmate d'une mauvaise conscience.

Nicolas Domenach avait failli en lâcher sa fourchette. Tandis qu'il la rattrapait dans un cliquetis interloqué, je l'imaginais en train de se figurer Jacques Barrot dans les fourrés avec Laurent Wauquiez, et là, je l'avoue vingt ans après, je dus retenir un fou rire. Moins à cause de Jacques Barrot et Laurent Wauquiez que de mon mentor à moi, Nicolas, qui appartenait lui aussi à la confrérie des démocrates-chrétiens – avec, soit dit en passant, un peu plus de malice et de belle tendresse pour le genre humain que Jacques Barrot.

Devant NKM, cette belle tendresse butait sur un os. Plusieurs, même. Nicolas me regardait comme s'il cherchait dans mes yeux la confirmation que notre invitée avait bien dit ce qu'il venait d'entendre avec l'espoir que je le démentirais.

NKM était ravie de son effet. Elle avait les joues roses de satisfaction, et la bouche insolente. Est-ce cette insolence qui donna à Nicolas le courage de la relancer enfin? «Dans les fourrés?» demanda-t-il. C'est vrai que ce détail ajoutait de l'irréalité à l'irréalité.

Un esprit trop romanesque avide de médisances n'aurait pu trouver mieux.

NKM ne se démonta pas. « Dans les fourrés, oui ! Comme toute campagne digne de ce nom, la Haute-Loire fourmille de fourrés, vous êtes tous les deux trop parisiens pour comprendre, pfffff… »

Ce devait être ça.

La religion de la liberté

Les objections de conscience, Emmanuel Macron les laisse au commun des mortels.

On est à moins de quarante jours du premier tour de la présidentielle de 2017, le 17 mars pour être précise. Nous avons rendez-vous avec le candidat d'En Marche ! pour une grande interview à paraître dans *Le JDD* du surlendemain autour des sujets sur lesquels le favori des sondages – enquête après enquête, il est toujours qualifié pour le second tour, et toujours vainqueur face à Marine Le Pen – est le moins identifié : sécurité, identité, laïcité.

Lorsqu'il accueille l'état-major politique du journal, une métamorphose s'est opérée depuis la rencontre précédente – qui remonte à moins d'un mois : l'intensité volatile de l'ambition, qui s'accompagnait parfois d'un très léger tremblement des mains, et souvent d'un regard qui se voulait de défi et qui en fait cherchait l'approbation, s'est comme ancrée. La pensée magique Jeanne d'Arquesque est désormais lestée de la certitude impérieuse que le destin qu'il pressent depuis toujours est en passe de s'accomplir, que la victoire ne peut plus lui échapper, que tout le monde le sait déjà, n'est-ce pas ? Et si vous avez le toupet de lui poser une question qui paraît ne pas tenir ce fait pour acquis, il n'a que trois mots à la bouche – qu'il décoche comme des flèches indignées : « J'ai prouvé ! » Ce jour-là, une demi-douzaine de ses phrases commenceront ainsi. « J'ai prouvé mon tempérament. » « J'ai prouvé ma fermeté dans le leadership. » « J'ai prouvé que j'avais une capacité de commandement. » « J'ai prouvé que je n'avais pas la main qui tremble. » J'en oublie sans doute, tant il y en eut.

Sitôt ces affirmations énoncées, il vous regarde pour vérifier l'effet que ses mots ont produit sur vous, pour observer en transparence le trajet des flèches qu'il a lancées en espérant les voir se ficher en temps réel dans votre esprit et le retourner dans le bon sens, comme dans la publicité Médiavision de mon enfance, où le petit mineur, en envoyant sa pioche dans le mille, provoquait le retournement des chiffres sur eux-mêmes.

Si Emmanuel Macron était aussi convaincu qu'il le prétendait de sa capacité à « prouver », aurait-il besoin de le répéter autant ?

Ce jour-là, je compris le ressort de son « arrogance » : persuader autrui de ce dont il aimerait lui-même être persuadé. Une fois qu'il vous a chimiquement et intellectuellement placé sous son joug, il se nourrit de votre certitude nouvelle, et ainsi sustenté, s'en va plier l'interlocuteur suivant. Une « arrogance » autoréalisatrice en mouvement permanent. Qui a grand besoin, pour sa propre régénération, de la bonne et de la mauvaise conscience. Mais uniquement de celles des autres ! Si Emmanuel Macron a acquis une vraie maîtrise de cette grille de lecture, c'est parce qu'elle lui sert de levier pour retourner les êtres en les prenant au piège de leurs enfermements psychologiques, culturels, moraux ou politiques. Lui-même prétend n'être enfermé par rien. Un libéral absolu.

Et comme ça lui réussit – n'est-il pas l'Élu, de sa grand-mère, de Brigitte, de Dieu et bientôt, très bientôt, des Français ? –, preuve est faite que c'est le bon chemin. CQFD.

Au fond, Emmanuel Macron entretient avec le bien et le mal le même commerce singulier qu'avec la gauche et la droite. Ce « et en même temps » qui donne le tournis et fait monter les extrêmes. Loin de le culpabiliser, ces extrémisations le légitiment, veut-il croire, en ce sens qu'elles lui permettent d'apparaître comme le moins mauvais des points d'équilibre.

Vous croyez qu'il est là, mais il est déjà parti, de toute façon il n'est jamais vraiment nulle part sinon à l'endroit où il faut être à un instant *t* pour vous attirer à lui et, si nécessaire au cas où vous vous montreriez récalcitrant, retourner votre force contre vous-même. Sa manière de « faire du judo », comme il aime à dire.

Sur les questions d'identité et de laïcité, il n'a alors pas encore eu l'occasion de pratiquer ce sport. Il en est resté à ce qui lui tient lieu d'acte de baptême politique : sa rivalité avec Manuel Valls. Il ne faut pas omettre ce que tout le monde a tendance à tenir pour de l'histoire ancienne : Emmanuel Macron s'est construit contre Manuel Valls. Il ne pardonnera jamais à celui qui était le chef du gouvernement auquel il appartenait d'avoir entravé le ministre de l'Économie qu'il était, de l'avoir empêché de triompher en faisant voter sa loi de 2015 sur la croissance sans recours au 49-3, de lui avoir mis des bâtons médiatiques et politiques dans les roues, etc.

Une rivalité qui a tourné à l'obsession. Des deux côtés. Et comme Manuel Valls était le premier des combattants d'une laïcité intransigeante, Emmanuel Macron a adopté la posture inverse. C'est ainsi que j'ai d'abord interprété son intervention devant « Les Gracques », le cercle social-libéral de hauts fonctionnaires et d'intellectuels, le 22 novembre 2015, à peine plus d'une semaine après les attentats du 13 novembre… Le ministre de l'Économie de François Hollande qu'il était encore proposa une réflexion sur les «causes profondes des drames» que furent les attentats de Charlie puis ceux du Bataclan dix mois plus tard. Ladite réflexion partait d'une «réalité économique et sociale» – selon ses mots : « Parce que quelqu'un sous prétexte qu'il a une barbe ou un nom à consonance qu'on pourrait croire musulmane, a quatre fois moins de chances d'avoir un entretien d'embauche qu'un autre. Et tout ça se tient. Et tout ça se tient, a-t-il répété en affûtant son nez. Des injustices se sont installées, encore mesurées récemment par l'institut Montaigne.» Et d'évoquer les «pertes d'opportunité», les «frustrations», les «plafonds de verre». «Nous avons arrêté la mobilité dans notre société. Regardez les tests Pisa. Nous sommes une société de plus en plus endogame. Il y a un terreau. Ce terreau, c'est notre responsabilité. Nous avons une part de responsabilité, parce que ce totalitarisme se nourrit de la défiance que nous avons laissée s'installer dans la société. Notre devoir, quand on fait partie de l'élite, c'est d'ouvrir. Changer cette société en l'ouvrant. Il y a une responsabilité des élites. »

C'est ce que l'on appelle l'explication sociologique du terrorisme. En tout cas l'explication culpabilisante. L'exaltation de la mauvaise conscience à la française à l'usage de qui tient à se donner bonne conscience. Et à se distinguer du Premier ministre d'alors qui, au même moment, proclamait exactement l'inverse devant tous les micros de France et de Navarre. La muleta ainsi agitée eut du reste l'effet escompté : Manuel Valls rétorqua publiquement : « J'en ai assez de ceux qui cherchent en permanence des excuses ou des explications culturelles ou sociologiques à ce qui s'est passé. »

À l'époque, la guerre Macron-Valls battait son plein. Aussi m'étais-je convaincue que la posture d'Emmanuel Macron était tactique, que l'anti-vallsisme lui tenait lieu de ligne de conduite politique, qu'il se repositionnerait dès lors qu'il aurait terrassé son rival.

En le retrouvant seize mois plus tard pour cet entretien sur l'identité au siège d'En Marche !, le mouvement qu'il avait créé *ex nihilo* et qui était sur le point de le conduire à l'Élysée, j'ai estimé que le moment était idoine pour éclaircir ce point. Dans l'interview publiée, cela donne la question et la réponse suivantes :

— Huit jours après les attentats du 13 novembre 2015, vous aviez mis en exergue la «part de responsabilité» de la France dans le «terreau» du djihadisme. Assumez-vous d'avoir dit ça à ce moment-là?

— Totalement. C'est un moment essentiel. Je ne serais pas là où je suis si je ne l'assumais pas. Les frères Kouachi ont grandi chez nous, ils ne sont pas venus du Pakistan! Que s'est-il passé pour que des enfants de la République tournent ainsi?

Comme je n'étais pas satisfaite de cette réponse *on the record*, j'insistai, en aparté :

— Maintenant que votre guerre contre Manuel Valls est derrière vous, maintenant que vous avez toute liberté pour vous déterminer en dehors de cette rivalité, vous n'êtes plus obligé de pencher du côté de la justification socialisante.

Pincé-glacé, il me dévisagea :

— Je ne retire pas un mot de ce que j'ai dit devant Les Gracques. La reconnaissance de notre responsabilité est le marqueur de ce que je suis. Je suis désolé mais je n'ai pas, comme vous semblez l'avoir, la religion de la laïcité.

— Ce n'est pas la religion de la laïcité, c'est la religion de la liberté…

J'ai repensé à ce «marqueur» quand, devant les représentants des cultes réunis à l'Élysée en décembre 2017, Emmanuel Macron s'est déclaré «vigilant» face au risque d'une «radicalisation de la laïcité». Comme si l'on pouvait renvoyer dos à dos les laïcs qui refusent les accommodements et les islamistes radicaux. A-t-on déjà vu un laïc mettre une ceinture d'explosifs autour de sa taille, après avoir protégé ses parties génitales avec des bandelettes pour être en mesure d'honorer les soixante-dix vierges qui l'attendent dans l'au-delà?

J'ai aussi repensé à ce «marqueur» en le voyant badiner avec une jeune fille voilée devant une forêt de micros et de caméras, à Strasbourg, dans l'entre-deux-tours de la présidentielle de 2022, après que 70% de musulmans avaient voté Jean-Luc Mélenchon au premier tour.

Le dialogue entre le président-candidat et la jeune fille voilée est un monument de bonne conscience satisfaite d'elle-même – de part et d'autre, c'est d'ailleurs cela qui est frappant –, qui mérite d'être retranscrit sans rien omettre.

C'est elle qui l'apostrophe : «Est-ce que vous êtes féministe ?»

Emmanuel Macron attrape la balle au bond, une lueur joueuse traverse ses yeux : « Ah oui ! » répond-il, soudain amusé.

Elle, en s'esclaffant : « Ah ça, c'est bon alors Monsieur ! »

D'autres personnes essaient de s'adresser à Emmanuel Macron, notamment un monsieur qui le félicite : « Merci pour le discours européen » ; le président-candidat ne prend même pas la peine de lui répondre. Il n'a plus d'yeux et d'oreilles que pour elle.

« Et ce qui est beau… » commence-t-il.

Elle ne l'écoute pas, elle n'a pas encore compris qu'elle n'avait pas besoin de l'appâter davantage. Aussi en remet-elle une couche : « Je vous ai écouté… »

Lui ne l'écoute pas non plus, tout tendu qu'il est vers cette trop belle opportunité dont il compte bien se saisir.

« Non, ce qui est beau… » répète-t-il. Tout à coup, il comprend que s'il veut faire mouche, il lui faut être plus court, plus incisif. Il augmente le volume et le débit, et lui retourne sa question initiale : « Vous êtes féministe ? »

Elle fait entendre un léger gloussement de satisfaction – la question la ravit, elle n'en attendait pas tant : « Oui, moi je suis féministe. »

Il est trop content de sa réponse, pendant une fraction de seconde son visage exprime une forme d'extase. Une mise à nu sans fard sans masque et sans voile… du manipulateur qui a compris qu'il tenait sa séquence, qu'il n'y avait plus rien d'autre à faire que de dérouler. Alors il déroule.

Lui : « Vous êtes pour l'égalité femmes-hommes ? »

Elle : « Je suis pour l'égalité femmes-hommes. »

À présent il est tout proche, il n'a plus besoin de parler ni fort ni vite ; il plante ses yeux dans ceux de la fille et l'interroge d'une voix presque doucereuse : « Je peux me permettre d'être indiscret ? »

Elle ne demande que cela : « Oui. »

Lui : « Vous portez un voile par choix ou c'est imposé ? »

Elle : « C'est par choix. Totalement par choix, Monsieur. »

Lui : « Non mais c'est important… » Ce disant, il monte le ton. Il faut que tout le monde entende ! Un regard à droite, un regard à gauche, histoire de prendre à témoin les personnes présentes. S'il pouvait, il mettrait lui-même la scène en boîte. D'ailleurs il ne s'en cache pas : « Parce qu'il y a les caméras... » dit-il. Et de souligner, à la manière d'un arrêt sur image : « Non, je vous le dis parce qu'avoir une jeune fille qui porte le voile et qui dit : “Est-ce que vous êtes féministe ?", c'est la meilleure des réponses à toutes les bêtises que j'entends. Parce que de l'autre côté, il y a Madame Le Pen qui dit : "Le voile sera interdit sur la place publique avec moi". »

Le lendemain, j'appelais un de ses lieutenants, qui jubilait : « On aurait voulu préméditer une séquence pareille qu'on n'aurait pas réussi un tel sans-faute. Emmanuel Macron a la *baraka* ! » Et le sens de l'Histoire ? Cinq mois plus tard éclatait en Iran la révolte de ces femmes – et de ces hommes – prêts à payer de leur vie pour libérer les premières du hijab. Nous offrant par là même la plus admirable et la plus brûlante des démonstrations de vrai féminisme.

Hop hop hop !

Jack Lang est un magicien de la bonne conscience à l'ancienne. J'écris cela sans ironie. Avec fascination, au contraire, pour le superpouvoir superglissant des costumes de notre ministre de la Culture perpétuel. Suspicions, rumeurs, polémiques, rien n'accroche jamais. Encore mieux que les plumes d'un canard. « Portez ces vêtements et comme moi vous serez intouchable ! Comment les couturiers pourraient-ils rêver meilleure publicité que moi ? Et vous vous étonnez qu'ils me couvrent de cadeaux depuis mon entrée dans la lumière en 1981 ? Vous n'avez rien compris à la magie ! » C'est ce que Jack Lang aurait pu répliquer quand, en 2019, on est venu lui chercher des noises parce que la maison Smalto lui avait offert des centaines de milliers d'euros de costumes.

C'est d'ailleurs, en creux, ce qu'il fallait entendre dans les déclarations de son avocat au moment où, à la suite des révélations du *Canard enchaîné* et de *L'Obs*, le parquet de Paris ouvrit une enquête préliminaire pour «abus de biens sociaux.» «La maison Smalto n'a jamais adressé aucune facture à Jack Lang et ses cadeaux n'ont jamais eu aucune contrepartie», assura son conseil. Non seulement l'avocat, habile, a assumé («Ce n'est pas la première fois que des couturiers proposent à Jack Lang de l'habiller. Depuis quarante ans, il a reçu ainsi des cadeaux compte tenu de sa notoriété») mais il a dressé la liste des autres – heureux, forcément heureux – donateurs : Thierry Mugler, Issey Miyake, Yohji Yamamoto, Yves Saint Laurent. «Dans ces cas également, il n'y a eu aucune contrepartie», insista-t-il. Et quand, quelques mois plus tard, les perquisitions dans les locaux de la maison Smalto établirent que les cadeaux avaient été faits non pas sur cinq mais sur quinze ans, et pas pour une valeur de 200 000 mais de 500 000 euros, Jack Lang ne cilla pas davantage. Sa défense se contenta de déclarer qu'il était «fier et honoré d'avoir été choisi par de grands stylistes comme Yves Saint Laurent, Thierry Mugler ou Francesco Smalto pour porter leurs vêtements dans ses activités de représentation. Qu'on trouve bien ou mal que Jack Lang soit l'ambassadeur de telles maisons, cela n'a rien à voir avec une question d'abus de bien social qui n'existe pas.»

Hop hop hop ! L'affaire fut classée sans suite. À la fois par la justice mais aussi, et c'est presque plus intéressant, par le tribunal médiatico-politique. François Fillon aurait eu moins d'ennuis si, pour reprendre les termes de la défense de Jack Lang, il avait lui aussi « été choisi » pour être l' « ambassadeur » de sa marque fétiche – Arnys, en l'occurrence – plutôt que d'en être réduit à se faire offrir des costumes par un mécène douteux. Même si tout indique qu'un « hop hop hop » de François Fillon n'aurait pas aussi efficacement dispersé juges et journalistes que celui de Jack Lang. N'est pas magicien de la bonne conscience qui veut. Est-ce parce que Jack Lang restera à vie l'inventeur magnifique de la fête de la musique et du prix unique du livre que ce qui vaut pour les autres politiques, tous les autres, ne vaut jamais pour lui ?

Jugez plutôt : il a suffi que *Mediapart* révèle que François de Rugy avait servi du homard à ses invités à la présidence de l'Assemblée nationale pour qu'il soit contraint de démissionner du ministère d'État dans lequel il avait atterri. Et ce n'est pas faute d'avoir mis le genou à terre et la main sur le cœur pour jurer qu'il « n'aim[ait] pas le homard », qu'il avait « une intolérance aux crustacés et aux fruits de mer », et « [s]a femme aussi », qu'il « ne pren[ait] pas de champagne », qu'il « détest[ait] le caviar », et autres protestations d'innocence. Rien n'y fit. Les homards eurent raison de François de Rugy. Imagine-t-on Jack Lang avoir besoin de dire qu'il déteste le caviar pour préserver l'une ou l'autre des prestigieuses fonctions qu'il occupe depuis plus de quarante ans ? …

Quelques mois après l'affaire des costumes Smalto, mister Lang a été tranquillement, malgré ses 80 ans, reconduit comme président de l'Institut du monde arabe (IMA) – où d'ailleurs il est toujours à l'heure où ce texte part à l'imprimerie. Quand, en mars 2023, son mandat s'est terminé, il n'a pas bougé. Le mois précédent, il avait publiquement fait savoir que ni ses 83 ans ni les dix années passées à la tête de l'IMA n'avaient étanché sa faim de tout et du reste, et que par conséquent il souhaitait poursuivre sa mission – et résister au « Menhir », l'ancien ministre des Affaires étrangères Jean-Yves Le Drian qui convoite le poste. À ceux qui osèrent demander à Jack Lang s'il ne trouvait pas cela bizarre ou décalé, il rétorqua, avec la mimique mondainement et malicieusement offusquée dont il a le secret, qu'il était éternel. Emmanuel Macron se décidera-t-il à le renvoyer chez lui ? Ou bien en va-t-il de Jack Lang comme il en alla du comte de Saint-Germain, à qui l'on prêtait une capacité à traverser les siècles en exerçant toutes sortes de charges ?

Jack Lang, c'est une silhouette affable et longiligne – contrairement à la plupart des notables, lui a vieilli sans prendre de ventre – que vous croisez dans les cocktails, à Paris ou ailleurs, et qui vous tend la main en souriant avec l'autorité courtoise d'une puissance invitante : « Comment allez-vous ? » Les mêmes réflexes que Jacques Chirac, sans la grosse voix et la claque sur l'épaule. La mécanique de Jack Lang est plus aérienne, plus poudrée, plus dansante. Celui qui, sur son compte Twitter, se présente comme « ministre de la Culture de François Mitterrand » – ce qu'il n'est plus depuis trente ans... – a ses entrées partout. C'en est arrivé au point où il nous a paru presque naturel de le voir sautiller sur les pavés de Versailles au sortir du plus sélect d'entre les dîners de gala de l'an de grâce 2023, celui donné en l'honneur de Charles III auquel, faute de place, nombre de hauts dignitaires de la cour républicaine – pourtant en exercice... – n'eurent pas l'heur d'être conviés, eux. Lang, c'est différent. Lang, c'est Lang.

À l'entendre, tous les artistes sont ses amis, il ne lésine sur aucune hyperbole pour les assurer un à un de son soutien, il se montre incomparable dans les célébrations des illustres défunts, il déambule élégamment au bon endroit au bon moment, d'une réception fêtant la culture française à l'autre, il n'en manque pas une, c'est sa place, il en est tellement convaincu qu'il ne viendrait à personne l'idée de le contredire, du coup ça devient (presque) vrai. De toute façon il n'a jamais cessé de souffler des idées aux locataires successifs de la rue de Valois, quel que soit leur bord, il continue d'envoyer des notes au président de la République, de droite ou de gauche, qu'importe ; Jack Lang est champion toutes catégories confondues de l'influence au service de soi. Qui irait demander de payer sa note de restaurant ou d'hôtel à cet homme à la bonne conscience d'un autre temps ? Molière en aurait fait un irrésistible Tartuffe.

Aïe, je me rends compte qu'à force de poudre de perlimpinpin il a réussi à dévier mes coups de plume, au point qu'entre les lignes il paraît presque sympathique, ce qui n'était pas le but. C'est bien la première fois que l'un de mes personnages me fait un coup pareil. Les vrais imposteurs sont des artistes. Vous verrez qu'on regrettera Jack Lang.

Cette bonne conscience d'un autre âge, il l'emportera avec lui « s['il] meur[t] » – c'est son expression, « si je meurs », il ne dit jamais « quand je mourrai. » Nul bien entendu ne le reprend. Comme sur rien, comme pour tout le reste. Et si d'aventure vous vous hasardez à tenter de lui donner mauvaise conscience, en lui demandant par exemple comment il s'explique le fait d'avoir des droits que les autres n'ont pas, c'est la sincérité de son étonnement qui vous mouche. Il chasse votre remarque de la main comme on le ferait d'un insecte importun, ses lèvres s'arrondissent un peu plus que d'ordinaire pour laisser sortir un son léger et chuintant comme un train passant sans s'arrêter – « tch… tch... » – et puis voilà, et puis c'est tout. Tch… Tch…

Le bruit de la mauvaise conscience

Si le tch… tch… de Jack Lang est le bruit de la bonne conscience, je dirais que celui de la mauvaise conscience ressemble, lui, au pschouuuut qu'émit le corps de Kylian Mbappé ce jour de septembre 2022 où son fou rire de sale môme, en pleine conférence de presse, pulvérisa l'image la mieux maîtrisée du football français.

Était-ce la réponse du jeune prodige à l'ancien capitaine de l'équipe de France Patrice Évra qui, en janvier 2022, confia aux lecteurs du *Parisien* : «J'aimerais voir Kylian déraper. Je le trouve trop formaté. Je l'adore, mais il est trop clean. Quand je l'entends parler, j'ai l'impression d'entendre un politicien»? Neuf mois plus tard – le temps d'une gestation… – le buste de Mbappé fut comme précipité dans une chute libre des bonnes manières sous l'effet d'un gaz hilarant au moment où son entraîneur

Christophe Galtier raillait une question sur les déplacements du PSG en jet privé.

De ce fou rire, on a presque tout dit, mais pas tout écouté. On n'a pas relevé le bruit, pourtant amplifié par le micro, du haut de son corps s'écroulant sur la table, d'abord les bras comme subitement désarticulés, puis la tête cherchant à se cacher entre eux. Ça a fait pschitt, ou plutôt pschouuuut ; heureusement que la table était là pour stopper la chute, mais même couché derrière le pupitre le buste continuait à être secoué de spasmes, psch psch psch dans le micro, tandis que Christophe Galtier noyait le tout dans l'ironie en déclarant réfléchir à voyager en char à voile. Parce que, souvenez-vous, la question posée par le journaliste était de savoir s'il était envisagé de remplacer par le train les déplacements des joueurs en jet privé.

Évacuons les polémiques sur les bonnes et les mauvaises blagues. Ne nous appesantissons pas sur le déchaînement des réseaux sociaux contre ce dieu des stades qui a pris le risque de dilapider en un fou rire des années de respectabilité. Entouré par ses parents omniprésents, le Bondynois avait réussi jusque-là à ne pas écorner son image, toujours il se tenait bien, quoi qu'il en coûte, et il lui en coûtait des efforts, ça se voyait, mais jamais encore il n'avait fauté.

Et pschooouuut, en un instant, l'exemplarité s'est affalée. La France qui vénère les gladiateurs de l'époque que sont les footballeurs ne tolère pas les écarts, encore moins quand ils sont commis par l'idole des jeunes. Était-il bien raisonnable de crier à l'irrémédiable déception ? Ce n'est jamais qu'un pschoooouut. Sans compter que Mbappé a dès le lendemain mis deux buts de génie. Pourquoi attendre de mômes qui courent après des ballons qu'ils soient les porte-paroles du pays ?

On ferait mieux d'offrir à ce pshooooout une place de choix dans la typologie des rires qui en disent long.

Il y côtoiera :

Le rire de Sarah dans la Bible quand elle apprend qu'elle est enceinte à 150 ans : un rire à la vie, un rire d'hommage à l'humour de Dieu ;

Le rire exorciste de Poincaré, « l'homme qui riait dans les cimetières » ;

Le rire grelottant-tintinnabulant du Petit Prince, chef spirituel de la tribu des enfants qui ont grandi trop vite et ne grandiront jamais tout à fait, qui vous transperce de désespoir et de poésie – parce que c'est la même chose ;

Le rire de Kamala Harris, à la fois tonitruant et entraînant, qui promettait tout à tous quand en 2019 elle a annoncé qu'elle était candidate aux primaires démocrates, mais qui n'a pas donné grand-chose à quiconque depuis qu'elle est vice-présidente de Joe Biden ;

Le rire esquive de Fanny Ardant – y a-t-il plus fin diplomate que le rire ?

Le rire cliquetant-cavalcadant d'Arletty, des talons hauts partis au triple galop, une coquinerie de très jeune fille qui soudain, pour notre plus grand bonheur, brise le flegme de la star ;

Le ricanement contemporain, dont Frédéric Beigbeder s'est fait l'exégète – et le représentant, aussi, souvent. Au point d'avoir écrit un roman avec 😂[1] en guise de titre…

Il n'y a pas (encore) un émoticon pour illustrer la cascade de ricanements jaillissant d'un champion de la maîtrise de soi qui soudain fait relâche. Souvenez-vous : il encourut la réprobation générale, y compris des personnalités les plus rigolardes. Il fallait voir François Hollande – dont l'humour est indiscutablement la plus grande qualité – dessiner sur le plateau de *Quotidien* le chemin de rédemption écologique qu'il entrevoyait pour sortir Mbappé-le-désinvolte de sa crise de rire. Encore un peu et l'abbé Hollande eût

1. Grasset, 2020.

conseillé au pêcheur de réciter chaque matin quatre «Notre Terre» et trois «Je vous salue les arbres». «On ne peut pas rire de tout», a solennellement conclu l'ancien Président. Omettant de poser une question plus contemporaine : peut-on rire tout le temps ?

Ce qui me plaît dans le fou rire de Mbappé, c'est qu'il révèle le cancre derrière la star. Le cancre de Prévert, évidemment :

«*Soudain le fou rire le prend*
Et il efface tout (…)
Et malgré les menaces du maître
Sous les huées des enfants prodiges
Avec les craies de toutes les couleurs
Sur le tableau noir du malheur
Il dessine le visage du bonheur.»

Bon, c'est vrai que Mbappé a fait cela plus vulgairement, mais il y avait l'élan. L'élan de la liberté qui se rit des convenances sociales, morales, politiques et médiatiques. Aurait-il eu le cran de ne pas détourner le regard à cet instant précis – ce qui eût conféré à la scène une élégance lui faisant sacrément défaut – qu'il aurait basculé du bon côté. Son rire, hélas, a flotté entre liberté et trivialité. Jusqu'au carambolage. Le je-m'en-foutisme a symboliquement tout éclipsé. Le bruit avec. Dommage.

D'autant plus que Kylian Mbappé s'est empressé de refermer cette parenthèse hilarante pour renouer avec la bonne conscience. Il ne reste jamais longtemps hors des clous. Il n'est que de voir ce qui s'est passé au moment de la mort de Nahel, tué à bout portant par un policier en juin 2023, et des émeutes qui ont suivi. «J'ai mal à ma France», a d'abord écrit la star du foot – et des banlieues – sur Twitter le 28 juin en direction de ses plus de douze millions d'abonnés. Avec un cœur bleu, un cœur blanc et trois cœurs rouges brisés. «Une situation inacceptable, a-t-il poursuivi. Toutes mes pensées vont pour la famille et les proches de Nahel, ce petit ange parti beaucoup trop tôt.» Pas un mot sur les flambées d'ultra-violence qui ont débuté la veille au soir. Mais parce qu'il ne saurait être dit que Mbappé a pris le parti des violences et des violents, deux jours après ce tweet, dans un mouvement de balancier très politique, le voici qui relaie une lettre ouverte appelant à l'apaisement et adressée directement aux émeutiers.

Conclusion numéro 1 : Mbappé n'aurait pu mieux justifier le regret d'Évra dans *Le Parisien* : «J'ai l'impression d'entendre un politicien.»

Conclusion numéro 2 : son fou rire n'en prend que plus de relief, îlot de mauvaise conscience dans un océan de politiquement correct.

Une vulgaire histoire de frites

Le moralement correct fait des histoires avec tout, même avec… les frites. Cette semaine-là, j'avais choisi de consacrer ma chronique dans *Elle* au rétrécissement de la taille de nos frites bien-aimées. Le principe de ces billets était la malice : je me plaisais à débusquer les détails qui n'en sont pas et qui en disent long sur l'époque – nos nouvelles mythologies, en quelque sorte. L'article sur les frites était troussé comme une badinerie sérieuse qui commençait ainsi :

«S'il fallait un signe de plus que le monde est devenu fou et qu'il faut s'attendre au pire, le voici : les frites vont rétrécir. Ne riez pas. C'est le détail qui tue, et disons-le, un attentat contre le signe alimentaire de notre "francité". Car nous revendiquons, nous Français, de les avoir inventées. S'il y a sur ce point d'obscures querelles entre historiens français et belges de la gastronomie, les Américains ont tranché en notre faveur, qui disent bien "french fries" *et pas* "belgian fries". *C'est donc ce symbole*

qui va perdre des centimètres. Deux en moyenne, selon le grand fournisseur des fast-foods, McCain. *Qui faut-il incriminer? La guerre en Ukraine a beau avoir bon dos, on aura du mal à lui imputer ce nouveau drame. Il ne faut pas chercher plus loin que le manque d'eau. Lequel rend les pommes de terre moins abondantes, plus "nerveuses"* – dixit *les producteurs – et plus petites.»*

À ce stade, avez-vous deviné où la polémique allait se nicher? Dans le creux de quelle phrase? Poursuivons :

«Roland Barthes, notre mythologue en chef, tenait la frite pour l'un des étendards du lustre national. Il en voulait pour preuve un geste entré au panthéon de nos images d'Épinal, presque à la hauteur du Grand Condé réclamant un verre d'eau (qui lui fut fatal, souvenez-vous, car trop froid) à l'issue d'une bataille : le fameux épisode où le général de Castries qui venait d'être libéré en Indochine demanda pour son premier repas des "pommes de terre frites". "L'appel du général n'était certes pas un vulgaire réflexe matérialiste, mais un épisode rituel d'approbation de l'ethnie française retrouvée", écrit Barthes, qui ne saurait concevoir la frite sans le "bifteck", et inversement. Mais c'était un autre temps, le temps d'avant Sandrine Rousseau et sa contestation du signe ostentatoire de virilité qu'est le barbecue. Désormais, le trop sanguin et trop animal bifteck fait moins le malin. La frite, en revanche, était demeurée sacrée. Aucune féministe ne s'était élevée contre cette symbolique phallique-là. La question ne se posera

plus maintenant : raccourcie, la frite s'en trouve comme relativisée – et dévirilisée. De quoi démoraliser tout Gaulois réfractaire qui se respecte. Et nombre de Gauloises aussi.»

Bon, toujours pas ? Pourtant, à ce moment-là du texte, sachez que l'offense est déjà pleine et entière… Mais voici la suite – et fin :

«Jusqu'alors, la frite, c'était ce qui restait quand tout foutait le camp. Il n'est que de voir comment la restauration rapide, qui a écrasé beaucoup de mets, l'a magnifiée. McDonald's *se fend d'ailleurs en ce moment d'une publicité pour expliquer que les frites servies viennent bien de l'Hexagone, comme si c'était le meilleur moyen de nous remonter le moral. Pendant la sécheresse de 2018 – que l'on a déjà oubliée tant on a traversé d'aventures depuis –, le spectre de la* fricta diminuta *était déjà brandi. Et une certaine angoisse s'était emparée des esprits. Heureusement sans lendemain. Mais, cette fois, les frites semblent ne pas devoir échapper aux restrictions-réductions qui s'abattent sur la planète. Même les sardines flottent dans les boîtes de conserve – leur changement de calibre fait l'objet d'études très sérieuses. Alors de quoi le rétrécissement de la frite est-il le nom ? En cette époque troublée, il en dit long sur nous. Sur nos peurs surtout. Notre peur de manquer. Notre peur de la diminution de nos acquis, de notre patrimoine national, de nous-mêmes. Certains agriculteurs, peut-être pour se donner du courage, promettent que le temps des frites de belle taille reviendra. On veut les croire. Sinon ce serait plus grave que la fin de l'abondance : la fin de la grandeur.»*

Plus un mot ! Les mains en l'air ! Vous venez de lire l'intégralité de l'article qui sera accusé du crime de lèse-morale.

Après que j'avais envoyé ce texte à la cheffe de la partie « actualité » du journal, je reçus la réponse suivante : « Il me semble que l'angle identitaire de la frite est mal approprié. Pas sûre d'avoir envie d'arbitrer ce qui est français et ce qui ne l'est pas dans mes pages. Par ailleurs, évacuer en une phrase la dimension écologique du rétrécissement de la pomme de terre me paraît très très limite. (*Sic*) » Suivait un lien vers un article… sur le réchauffement climatique.

J'ai commencé par partir d'un grand éclat de rire. Puis relu le mail et compris que non seulement il fallait prendre cette leçon de morale écologiste au premier degré, mais que si mon interlocutrice n'avait pas entendu mot à ma chronique, c'était précisément parce qu'elle n'entendait rien au second degré.

Le pire, dans cette affaire ? La bonne foi de ma consœur. Sa bonne conscience. Elle était sincèrement heurtée. Il m'a suffi d'un petit tour sur son compte Twitter pour m'apercevoir qu'elle avait pour habitude de « retweeter » et de « liker » Sandrine Rousseau. Attention, on ne plaisante pas avec la *drama queen* de l'écologisme – eh ! oui, moi j'aime bien plaisanter… – dans les colonnes du *Elle* d'aujourd'hui. La peur d'être balayé par la «fureur des temps» – toujours elle – a conduit l'hebdo légendaire qui me faisait rêver à s'engager sur la pente d'un néo-écologico-féminisme *woko*-branché vu comme l'antidote à la ringardisation.

Ça y est, j'ai écrit le mot dont chaque lettre est comme trempée dans le soufre, tant il suscite de passions. *Woke.* Pour ceux, chanceux, qui auraient réussi à passer à côté des polémiques opposant les «anciens» et les «modernes» d'aujourd'hui, *woke* signifie être «éveillé». L'expression *«stay woke»* («restez éveillés») a commencé à être utilisée aux États-Unis au début du mouvement Black Lives Matter – né de l'acquittement d'un veilleur de nuit qui avait tué un jeune Noir en 2013. Être *woke*, c'est avoir conscience des problèmes de justice sociale et de racisme. Le concept s'est étendu aux autres discriminations : celles visant les personnes LGBT, les femmes, les immigrés, etc. Ces discriminations pouvant s'additionner; les *woke* appellent cela l'«intersectionnalité.» Cette carte d'identité de «discriminés», intersectionnels ou pas, ouvre à ceux qui la brandissent le droit à la meilleure des bonnes consciences. Le droit, aussi, d'espérer rabattre le caquet aux inconscients qui ne sont pas *woke*, en actionnant précisément la corde de leur mauvaise conscience.

Pourquoi, sinon dans le but de fournir un gage de « modernité », croyez-vous qu'Emmanuel Macron a choisi la chanteuse Yseult comme marraine du Sommet de la Francophonie 2024 ? La jeune femme au timbre spectaculaire met un point d'honneur à se faire la porte-parole des minorités, des « racisés », comme elle dit en toute occasion. Son positionnement idéologique est assumé : victime. Il faut revoir son coup de gueule du 7 février 2021 sur Canal + : « J'ai l'impression que nous, les personnes faisant partie des minorités ou des personnes racisées, on est dans un délire de "on doit quelque chose à la France", mais qu'est-ce qu'on doit en fait ? Qu'est-ce qu'on doit en fait ? Qu'est-ce qu'on doit ? » s'est-elle exclamée ce jour-là. Et d'enfoncer le clou : « J'ai l'impression qu'on ne voit pas ce qu'on nous a pris ou ce qu'on a pris à nos parents. Leur dignité, le respect, l'empathie. J'aimerais juste savoir où est l'empathie dans notre pays. » Et quelques instants plus tard, alors que nul ne l'agressait, elle laissait exploser une émotion radicale : « Je te jure ça me casse les couilles (*sic*) de devoir en permanence m'excuser d'être redevable, de devoir être moi-même dans l'empathie face à des personnes non racisées alors que ça devrait être le contraire. Qu'on arrête de nous chier dessus (re-*sic*) ! » Vous aurez compris que son usage de la langue française la prédestinait sans conteste à être nommée ambassadrice de la francophonie. Sur le plateau, personne n'a moufté. La bonne conscience victimiste d'Yseult avait complexé tous les autres invités. Quiconque oserait discuter ce différentialisme était condamné à passer pour réactionnaire.

Pourquoi faudrait-il accepter que n'être pas *woke* fasse de soi, de vous, de moi, des réactionnaires ? L'hygiène mentale évoquée plus haut commande de refuser ce syllogisme idéologique.

Lorsque, dans un article sur la révolte en Iran, l'une de mes interlocutrices, juriste franco-iranienne, eut le « mauvais » goût d'afficher un féminisme non rousseauisé en affirmant : « Le voile est devenu un instrument politique. Si tu acceptes le symbole du voile, tout suit : ensuite les mecs disent aux femmes pour qui voter. Je devrais aller parler à Sandrine Rousseau… », la dernière phrase de la citation fut purement et simplement biffée par la police de la pensée de *Elle*. Quand la faux de la censure va jusqu'à s'en prendre aux propos entre guillemets, la lutte est vaine... « Rien d'idéologique », me dit-on.

Rien d'idéologique non plus, cela va de soi, dans l'interdiction d'une chronique moquant les errements liberticides de la municipalité de Strasbourg. Petit rappel des faits : la mairie écolo avait cru bon, au nom de l'« authenticité », de bannir du marché de Noël 2022 la raclette et la tartiflette et de soumettre à des « réserves » les « croix JC ». C'est ainsi que les crucifix étaient désignés dans la liste que la mairie envoya aux forains du Christkindelsmärik – le « Marché de l'enfant Jésus » en alsacien. Résumons : les « croix JC » étaient autorisées « sous réserves » au Marché de l'enfant Jésus. Qui a dit que la maire écologiste Jeanne Barseghian n'avait pas le sens de l'humour ?

Je me suis moquée, oui. Lorsque la morale vient à se confondre avec la politique, c'est toujours au détriment d'un bien plus-que-précieux que la municipalité fouettarde a sans doute placé également « sous réserves » : la liberté. Et avec elle les plaisirs de la vie. J'ai encore du mal à croire que, pour faire retomber l'imaginaire sur terre, la maire (EELV, elle aussi) de Poitiers ait pu déclarer sans rire que « l'aérien ne devait plus faire partie des rêves d'enfant ». Et maintenant voilà que la Ville de Paris décrète la fin des balades à poney dans les parcs municipaux d'ici 2025 afin de « mettre fin aux pratiques dommageables pour les animaux et leur bien-être. » À la pointe de la dénonciation de ces « pratiques », l'association de protection animale PAZ (Paris animaux zoopolis) qui se déclare « profondément choquée » par les « conditions extrêmes » dans lesquelles les animaux voyagent :

«Ils attendent parfois deux heures l'exploitant situé en banlieue, attachés près du périphérique.» *Quid* des banlieusards n'appartenant pas au règne animal et qui eux aussi viennent travailler à Paris… ?

L'ardeur prohibitrice des écolos mériterait à elle seule une thèse de psychologie politique. D'où vient ce besoin d'interdire ? On voit bien le point de départ : interdire est le premier des pouvoirs que l'on peut exercer sur autrui et, après avoir si longtemps subi le non-pouvoir, les écologistes ont une revanche à prendre. Mais leur frénésie traduit autre chose encore. C'est comme si, arrivés aux responsabilités, ces héritiers – sans doute fatigués… – de mai 68 et de son «interdit d'interdire» avaient un compte à régler avec le libertarisme de leur matrice culturelle. Comme s'il leur fallait surenchérir dans l'autre sens pour se prouver qu'ils étaient des politiques comme les autres. Quitte à dépasser les bornes. En psychanalyse comme en politique, la compensation est un mécanisme dangereux.

À Strasbourg, il fallut «plusieurs réunions» aux cinq élus, cinq commerçants et cinq personnes «qualifiées» de la «commission consultative» pour estampiller «interdits», «autorisés» ou «sous réserves» la centaine de produits répertoriés dans les longs tableaux. On aimerait connaître les «qualifications» requises pour interdire le champagne au profit du crémant d'Alsace. Et que faire avec le crémant de Bourgogne ? La casuistique (discipline qui, soit dit en passant, comptait aussi beaucoup chez les adeptes de JC...) devient reine : Pourquoi avoir interdit les casquettes et autorisé les bonnets ? Interdit les serre-tête et autorisé les bijoux fantaisie ? Interdit les donuts de Noël et autorisé les œufs de cigogne en chocolat ? Interdit le pop-corn et autorisé les hot-dogs « sous réserves » ? Relevons quand même la musique arbitraire qui s'échappe de ces deux derniers mots. L'adjoint en charge des animations urbaines a tenté d'expliquer : « La commission discutera avec les exposants pour s'assurer de la provenance et de la qualité du produit. » Prêt à comprendre la difficulté des forains à se hisser à la hauteur de la vertu souhaitée, il promet une « tolérance »... Le père Noël appréciera. « JC » aussi, qui sait ? Si les écolos n'ont pas le monopole du dogme, ceux de Strasbourg sont créatifs. N'ont-ils pas, pour « faire des économies », fermé les huit musées de la ville à l'heure du déjeuner ainsi qu'un jour supplémentaire par semaine ?

On m'indiqua que je m'étais rendue coupable d'« écolo-bashing » et que ça « jurait » avec la grande interview de Greta Thunberg qui paraissait dans le même numéro de *Elle*. Résultat : ma chronique sur le marché de Noël a été interdite sans même passer par la case «sous réserves.» Dommage que l'humour ne fasse pas partie de la biodiversité à protéger.

Quand Mélenchon trinque avec Finkielkraut

Il faut imaginer Jean-Luc Mélenchon et Alain Finkielkraut heureux... de partager une entrecôte dans un bistrot parisien. C'était le 15 septembre 2014. Pour les convaincre l'un et l'autre d'accepter le principe de ce déjeuner au sommet, je leur avais fait valoir qu'ils avaient la poésie en commun. L'argument fit mouche. Jean-Luc Mélenchon s'était enflammé au téléphone : «Je suis le seul artiste poète de la politique. Avec quatre mots je fais un vers. Tout à coup j'arrive, je mets des mots, ils scintillent et ils deviennent propriété collective.» L'«artiste-poète» proposa que la rencontre ait lieu sur ses terres, dans le Xe arrondissement de la capitale. Le jour dit, nous n'étions pas encore assis que déjà il dévoilait son complexe : «Je suis un modeste licencié de philosophie...» Alain Finkielkraut, joueur : «Moi, agrégé de lettres modernes, c'est pas terrible...» Soupir-sourire de

Jean-Luc Mélenchon : « C'est ça que j'aurais dû faire… »

Surpris par cette entrée en matière, le philosophe eut la bonne idée d'opter pour la louange : « Même si souvent je n'adhère pas au contenu, tout le monde peut vous être reconnaissant pour votre éloquence et votre maniement de la langue française. Les intellectuels d'aujourd'hui ont perdu le contact avec les humanités. Pas vous. » Ainsi hissé au rang d'intellectuel, Jean-Luc Mélenchon, rengorgé, se plongea dans la carte des vins rouges. La glace était brisée.

Alain Finkielkraut, lui, avait besoin d'être rassuré sur la profondeur du robespierrisme affiché publiquement par son interlocuteur. « Pourquoi chercher à réhabiliter un tel personnage ? » Celui qui n'avait pas encore créé La France Insoumise répondit : « Pour réveiller les consciences révolutionnaires. Pour les forcer à réfléchir et à argumenter à contre-courant du récit dominant. Mais je vous rassure : je ne suis pas un vrai robespierriste. Dans mon équipe, ils le sont tous, sauf moi qui suis un enragé. » Sans le satisfaire, l'aveu tranquillisa momentanément Alain Finkielkraut. Chacun choisit alors une citation. Côté Mélenchon, ce fut Hugo : « Aucun penseur n'oserait dire que le parfum de l'aubépine est inutile aux constellations. » Alain Finkielkraut répliqua avec du Péguy : « Il faut toujours dire ce que l'on voit. Surtout il faut toujours, ce qui est plus difficile, voir ce que l'on voit. »

À la fin du déjeuner, ces messieurs étaient tombés d'accord sur quatre points essentiels :

Primo, sur la République. Si si. « La République, c'est plus qu'une institution. » Croyez-le ou pas, ça, c'est Jean-Luc Mélenchon qui l'affirma. À quoi Alain Finkielkraut lui répondit : « D'accord avec vous. Plus qu'une institution, une anthropologie. »

Secundo, sur Éric Zemmour : il fallait les entendre admirer de concert son intelligence. « C'est un intellectuel », commence Jean-Luc Mélenchon – aux yeux duquel, on l'a compris, il s'agit du compliment suprême. « C'est un esprit agile et très rapide, renchérit Alain Finkielkraut. Peut-être n'est-il pas assez bête. Il ne rumine pas, il n'hésite pas, il n'est pas tourmenté. Il faut être un peu tourmenté, quand même… » Parole d'expert en tourments. Jean-Luc Mélenchon ne relève pas, tout à son cher « Éric » : « Éric est tellement pris par l'esprit de système qu'il en devient complètement perché. » Hochement de tête d'Alain Finkielkraut : « Oui, son problème, c'est l'esprit de système. Il se laisse emballer par son propos et par l'ivresse de penser à contre-courant et de n'être intimidé par rien. Il croit tout ce qu'il dit.» Jean-Luc Mélenchon fait entendre un petit rire : «Même ses conneries sur les femmes, il les croit. Le drame d'Éric, c'est qu'il fait tout avec sérieux.» Conclusion d'Alain Finkielkraut : «La bienpensance ne peut pas être une boussole. On ne peut pas dire : "Je vais tout penser contre la bienpensance."» Ce n'est pas Jean-Luc Mélenchon qui dira le contraire.

Tertio, ils iraient ensemble, «bras dessus bras dessous» promettent-ils, à la «ferme des mille vaches» pour dénoncer les atteintes au bien-être animal... «Nous, on aime les vaches !» insiste Alain Finkielkraut. «Tous les animaux !» complète Jean-Luc Mélenchon. «Moi, je préfère les vaches», persiste Alain Finkielkraut. Aucun des deux, pourtant, n'a songé à demander au bistrotier d'où venait sa viande…

Quarto, ils s'entendent sur la définition d'un salaud. Jean-Luc Mélenchon a proposé celle-ci : «Un salaud, c'est celui qui pose des actes ignobles avec bonne conscience.» En guise d'acquiescement, Alain Finkielkraut a répondu en levant son verre… à la mauvaise conscience.

Le glissement du meilleur d'entre nous

Il y a des forces telluriques plus fortes que les individus, en tout cas capables de retourner les meilleurs d'entre eux. C'est ainsi que je veux lire le trajet d'un Claude Askolovitch. Je personnalise, comme il dirait, lui qui le fait tout le temps, et avec quel foutu talent, et quel art consommé de l'exécution : il promène sa plume tout autour de son sujet, il enrobe, beaucoup de mots, il n'a pas peur d'être onctueux, en tout cas au début, il sature l'espace de cerveau disponible, il est arachnéen, il prend le sujet par l'envers, par le côté, par le nord, par la droite, ça chatoie, ça tournoie, il écrit en spirale, il encercle sa proie, sa plume voltige d'une incise à l'autre, il prend son temps, il commence par vous reconnaître des qualités, et par se trouver à lui des défauts, toujours il fait ça, il n'en sera que plus fort ensuite quand viendra le moment de vous lacérer, parce que c'est vers ce moment que roule son écriture, comme un torrent à la recherche du moindre alluvion qui n'épargnerait pas un recoin, pour être lesté d'une charge implacable au moment de porter le coup de grâce ; et ensuite schlak, vlak, Claude, soudain félin, taillade au nom de la morale…

Il fait ça bien. Je le dis en connaissance de cause : il l'a fait avec moi, devenue, sous sa plume, l'incarnation de « la petite mort du journalisme politique » – en février 2017, sur le site *Slate*.

Trois mois avant, même support, même grand format, il avait infligé ce traitement à son père en journalisme, qui fut aussi le mien, à une quinzaine d'années d'intervalle : Nicolas Domenach. Instrumentalisant une mésaventure de Nicolas *embedded* dans un voyage de Manuel Valls, Claude en fit la pierre angulaire d'un article sur le journalisme de cour dont lui-même, avoue-t-il dans son réquisitoire, fut un pratiquant repenti. Et la boucle est bouclée. Le biais, posé. Il peut donner des leçons puisqu'il commence par se flageller lui-même, en long en large et en travers, pour avoir écrit des années plus tôt, quand il était rédacteur en chef politique du *JDD*, un article à la gloire de Nicolas Sarkozy. Et sa repentance est comme sanctifiée par l'assassinat symbolique de son mentor. À moins que ce ne soit l'inverse. Quel plus grand sacrilège peut-il y avoir que de poignarder le père ?

Asko. Mon grand frère en journalisme. Parce que nous avons eu le même père, donc, mais aussi parce que jamais je ne renierai ni l'affection ni l'admiration qu'il m'a inspirées. Claude, c'est ma fidélité à l'enfance. Je l'ai rencontré en 1998 lors de mon premier passage à *Marianne*. J'avais 19 ans, lui 36, j'étais sous-stagiaire et lui, un grand reporter aux fulgurances saluées par ses pairs ; il parlait fort, bien, il écrivait mieux que bien, sa plume allait loin, elle perforait les silences, les non-dits, déjà il ne lâchait jamais sa proie, mais il n'y avait pas encore les mises à mort. On m'avait donné le bureau vide en face du sien, c'était encore le temps où les rédactions grouillaient, fumaient, tempêtaient. J'étais au spectacle : Claude passait le plus clair de son temps les pieds sur son bureau, pendu au bout du fil – c'était le temps d'avant, avant que les portables ne ringardisent les téléphones fixes –, il cajolait, tonitruait ; quand il reposait le combiné, il allait voir Nicolas Domenach – que je n'avais pas encore convaincu de m'adresser la parole, il me fallut plusieurs années… Je les entendais débattre de loin, Claude parlait (un peu) moins et moins fort que devant les autres, je comprenais que le maître avait su dompter le chien fou.

C'est bête à dire, plus encore à écrire, et néanmoins si vrai : je le regardais en me disant que c'était à ça que j'aimerais ressembler, quand je serais grande.

Lorsque je revins à *Marianne*, cette fois comme salariée, Claude était parti au *Nouvel Observateur*. Dès que *L'Obs* arrivait à la rédaction, je me précipitais sur ses articles. Nicolas aussi. Souvent nous en parlions ensemble, comme on le fait en famille des prouesses de l'aîné ayant quitté le bercail. On retrouvait Claude, chez lui ou chez Nicolas, les soirs des grands matchs de foot. Quand c'était chez Claude, il y avait toujours Manuel Valls, alors député-maire d'Évry – les errements démagogiques du non-cumul arriveraient plus tard –, l'ami de la maisonnée. « Manuel » avait nourri la formidable biographie que Claude avait consacrée à Jospin[1], quelques années avant que les deux encore jeunots ne publient un livre d'entretiens dans lequel ils se tutoyaient comme les camarades qu'ils étaient[2]. Valérie, la femme de Claude, travaillait pour « Manuel » à Évry.

Les deux gauches n'étaient alors pas aussi ostentatoirement irréconciliables qu'elles le devinrent, mais point de doute : Claude était du côté de la République – unifiée et laïque.

1. *Lionel*, Grasset, 2001.

2. *Pour en finir avec le vieux socialisme... et être enfin de gauche*, Robert Laffont, 2008.

Quand Valérie est morte, à la veille de leur départ en vacances, en juillet 2009, on a perdu Claude. « On » : la gauche républicaine et nous. Je l'ai vraiment vécu comme ça.

J'admire Claude d'avoir été, en juillet 2008, le premier à dénoncer vaillamment l'antisémitisme de l'affreuse chronique de Siné dans *Charlie Hebdo*, lançant du même coup ce qui est devenu l'affaire Siné – et qui a abouti au renvoi de l'humoriste. L'histoire avait défrayé la chronique : dans un article publié le 2 juillet, Siné ironisait sur Jean Sarkozy « sorti presque sous les applaudissements de son procès en correctionnelle pour délit de fuite en scooter. Le Parquet a même demandé sa relaxe ! Il faut dire que le plaignant est arabe ! Ce n'est pas tout : il vient de déclarer vouloir se convertir au judaïsme avant d'épouser sa fiancée, juive, et héritière des fondateurs de Darty. Il fera du chemin dans la vie, ce petit ! » écrivit-il. Le 8 juillet, sur RTL, Claude fustige le dérapage : « C'est une affaire qui à mon avis va faire beaucoup de bruit. C'est un article antisémite dans un journal qui ne l'est pas. »

Neuf ans après, Claude fera partie de ceux qui prendront la défense de l'indéfendable Mehdi Meklat, ce jeune auteur-chroniqueur salué comme un « kid » par France Inter et porté en une des *Inrocks*, dont on découvrit qu'il avait sous pseudonyme déversé sur Twitter, des années durant, les plus infâmes messages racistes, antisémites, homophobes qu'il m'ait été donné de lire. Claude lui tend alors la main. Et s'en explique, encore sur *Slate* : «Il y avait, dans la rage qu'il provoquait, quelque chose de tragique ; un Franco-Algérien du 93, enfant du Bondy Blog passé par France Inter et Arte, se révélait odieux, haineux, et devenait une nouvelle preuve de notre grande peur : celle de ces musulmans dont la grâce est un leurre, et qui communient dans la haine des autres, des Juifs, des homosexuels et de la liberté. C'était une fatalité que je récusais.»

Que s'est-il passé entre l'affaire Siné et l'affaire Meklat ? Pourquoi Claude, mon Claude, est-il passé de l'autre côté du miroir ?

Est-ce parce qu'il ne s'est pas remis d'avoir été jeté au ban d'une certaine gauche pour avoir dénoncé Siné ? Est-ce parce que les esprits les plus tordus de cette gauche-là l'ont suspecté d'avoir agi ainsi dans le but de complaire à Nicolas Sarkozy au moment où il quittait *L'Obs* pour *Le JDD* ?

A-t-il voulu se faire pardonner d'avoir ensuite, une fois au *JDD*, écrit sur le même Nicolas Sarkozy «le pire article de [s]a carrière» – *dixit* Claude ? Donnerait-il, depuis, tant de gages à la gauche des «purs» s'il ne voulait pas prouver qu'en fait il est des leurs ?

Est-ce le chagrin, le ressentiment, la « honte », pour reprendre le mot qu'il emploie dans *À son ombre*[1], le livre qu'il consacra à la mort de Valérie et aux dix ans qui suivirent ?

Est-ce le besoin d'appartenir à un camp qui vous exclut ?

Ou tout cela à la fois ?

Ce qui est sûr, c'est qu'en 2011, quand Claude arrive au *Point* où je me réjouis de l'accueillir, parce qu'enfin, pensais-je, nous allions être au même moment dans la même rédaction, je retrouve un journaliste amer-colère qui, très vite, se sent mal à l'aise dans un hebdomadaire auquel il reproche d'être hostile aux musulmans. Ça dégénère à l'occasion d'un article où il prend fait et cause pour la viande halal ; il est contraint au départ. Dans la foulée, il publie *Nos Mal-Aimés : ces musulmans dont la France ne veut pas*[2], un livre dans lequel il se confond avec son sujet et avec son combat. « Je suis un combat », y écrit-il d'ailleurs, toute distance perdue. Dès lors, telle sera la croisade de ce « Juif de gauche », comme il aime à se présenter : dénoncer « l'islamophobie culturelle » d'une France qui « opprime ses enfants musulmans ». Quitte à essentialiser

1. Grasset, 2020.
2. Grasset, 2013.

« les » musulmans. Comme s'il n'y avait pas des musulmans, nombreux, horrifiés par l'islamisme politique, victimes paradoxales de l'amalgame de Claude. Ceux-là ne lui disent pas merci.

Le 15 octobre 2019, il ira jusqu'à écrire dans *Slate* : « Attaqués en 1941 par le Japon impérial, les États-Unis d'Amérique enfermèrent leurs citoyens d'origine nippone dans des camps de concentration. Cette histoire trottine dans ma tête quand la France, mon pays, frappé de terrorisme et bousculé d'identité, contemple étrangement ses enfants musulmans. » Que dire ?

Même les meilleurs peuvent dériver. Ce qui vaut pour la lumière vaut aussi pour l'obscurité : il suffit d'une fêlure pour la laisser passer. Même un mec bien peut se laisser traverser par les forces destructrices de l'époque. Ces forces qui exaltent nos différences – religieuses, culturelles, ethniques – alors que seul le dépassement dans l'universalisme républicain, fût-il imparfait dans ses mises en œuvre, garantit la liberté.

Claude est le plus doué des porte-voix de l'islamo-gauchisme à la française. Son glissement est l'exemple chimiquement pur de ce que peut provoquer la honte de soi chez un homme avide d'appartenance qui n'a pas supporté d'être excommunié par les gardiens du temple.

En serait-il allé autrement si, au lieu de la honte, il avait éprouvé de la mauvaise conscience ? Je veux croire que oui. Contrairement à la honte, la mauvaise conscience, elle, ne flirte pas avec la haine de soi.

Sans doute parce que des êtres humains lui ont fait mal, Claude a décidé de mettre l'idéologie au-dessus des êtres. Moi je m'obstine, parce que je ne sais pas faire autre chose, à mettre les êtres au-dessus de l'idéologie. J'espère le retrouver un jour comme être humain.

Péché

La bonne conscience est mauvaise conseillère.

Quand l'émission reprit après la pub, ce mardi 18 janvier 2022, et que, entourée de mon confrère David Revault d'Allonnes, de l'écrivain Abnousse Shalmani et du communicant Stéphane Fouks, j'ai annoncé le menu de leur premier débat : la tempête politique et médiatique qui s'abattait sur le ministre de l'Éducation nationale Jean-Michel Blanquer, j'étais dans un état second. Second pas au sens de mauvais, mais de dédoublé. De clivé. Lui, c'est lui et moi, c'est moi, pensais-je. En toutes circonstances depuis que Jean-Michel et moi avons bouleversé nos vies pour les unir, ces sept petites syllabes m'ont tenu lieu de mantra. Une intime conviction, trempée dans l'acier d'un féminisme absolument intransigeant : jamais je n'aurais imaginé que je serais un jour réduite, résumée, renvoyée à un homme. J'étais journaliste depuis vingt ans quand je suis tombée amoureuse de Jean-Michel et j'étais persuadée d'avoir, pendant ces deux décennies, fait la preuve de ma liberté de penser, d'écrire, de parler.

Je me fais une idée si sacrée du journalisme, de la liberté que cette profession-vocation impose à ceux qui prétendent la pratiquer, que j'ai estimé n'avoir pas le droit de renoncer à faire mon métier. Or à mes yeux, passer sous silence le fait du jour, l'« Ibiza gate », comme on pouvait le lire sur les bandeaux des chaînes d'information continue, valait renonciation. J'ai considéré que ce métier m'obligeait. Ça peut paraître dingue, mais si j'ai péché, c'est par excès, et non par manque, de conscience professionnelle.

En effet, quel « intérêt » – certains m'ont ensuite reproché de m'être rendue coupable d'un « conflit d'intérêts » –, quel « intérêt », donc, avais-je à mettre ce sujet à l'ordre du jour des discussions entre les décrypteurs de l'émission que j'animais ? Je n'avais rien à y gagner. Et Jean-Michel, quel « intérêt » avait-il à ce que je le fasse ? Lui rendre service eût été de ne pas en parler. Néanmoins je l'ai fait. Et sans le prévenir. Toujours en vertu du même principe : dès qu'il s'agit du travail, lui-c'est-lui-et-moi-c'est-moi. C'est comme le livre que vous avez entre les mains : il ne me le dira jamais ainsi parce qu'il connaît trop ma religion de la liberté, toujours elle, mais je suis certaine qu'il désapprouve certains passages…

Le jour de l'émission, j'ai voulu croire qu'il me suffirait d'opérer cette dissociation intérieure en donnant la priorité à mon métier sur ma vie privée. Croire que mon souci d'honnêteté transparaîtrait dans le soin que j'ai mis à diffuser de (très très) longs extraits des diatribes les plus virulentes contre Jean-Michel – notamment celles de Marine Le Pen et d'Alexis Corbière. C'est d'ailleurs la diffusion de ces vidéos qui m'a valu d'être absoute par l'instance suprême, l'Autorité de régulation de la communication audiovisuelle et numérique (Arcom). Dans sa décision du 19 juillet 2022 – que les médias ne relayèrent pas avec l'empressement qu'ils avaient mis à faire état de la polémique –, l'Arcom conclut ainsi : « Si les interventions des personnes présentes en plateau tendaient à minorer l'ampleur de la polémique, de nombreuses réactions beaucoup plus critiques ont également été diffusées, de sorte que l'équilibre des points de vue sur le sujet débattu apparaît respecté. Compte tenu de ces éléments et au regard de la liberté éditoriale dont bénéficient les éditeurs, l'Autorité a considéré que cette séquence ne caractérisait pas de manquement de la chaîne à ses obligations. En conséquence, l'Autorité n'est pas intervenue à l'encontre de l'éditeur du service.»

Sémantiquement, il y a quelque chose à retenir : l'expression «avoir sa conscience pour soi» est un danger public. Car j'avais ma conscience pour moi. J'aurais dû me méfier. Une expression aussi moralement nombriliste ne peut rien produire de bon.

«Je vous emmerde»

Il y a deux façons de dire «je vous emmerde», l'une qui consiste à brandir sa mauvaise conscience en étendard ; l'autre qui suppose d'avoir la bonne conscience de se prendre pour un rebelle.

Dans la famille «j'ai mauvaise conscience et je vous emmerde», je demande le fils. Et là, pas d'hésitation. Frédéric Beigbeder est notre homme. Il a montré qu'on pouvait faire commerce de mauvaise conscience, par le truchement merveilleux du deuxième degré – voire, quand on est inspiré, et très souvent il l'est, en poussant le bouchon jusqu'au dix-huitième. Au point, en 2002, de s'être occupé de la campagne du communiste Robert Hue.

Pendant longtemps, le Tout-Paris-qui-décerne-les-brevets-de-respectabilité en redemandait. Le problème, et c'est ce dont Frédéric Beigbeder est en train de prendre la mesure, c'est qu'aujourd'hui la mauvaise conscience ne paie plus, mais qu'elle coûte cher. Le droit à l'ironie se perd; le second degré se meurt. Vous êtes lu, entendu, compris au premier degré. Le second degré, ce n'est pas seulement l'antiphrase ou l'humour. C'est également le discours indirect où vous vous faites l'écho des propos de quelqu'un qui n'est pas vous et pense différemment, sans forcément croire nécessaire de le préciser, tant cela vous paraît aller de soi.

J'en ai fait l'expérience sur un plateau de BFMTV, un soir de février 2020. Alors que la Macronie venait de se livrer à un piteux micmac sur l'allongement du congé parental en cas de décès d'un enfant mineur, j'expliquais que, si ça ne tournait plus rond autour du chef de l'État, c'était pour une simple raison : le « système était paralysé » du fait de la « sidération dans laquelle se trouvaient les conseillers, les ministres, les députés » devant un Emmanuel Macron qui les « impressionnait » et qu'ils jugeaient « exceptionnel ». J'ajoutais, en singeant les trémolos dans la voix qu'ils avaient en m'en parlant, qu'à force d'être « tous bluffés » par la « chimie exceptionnelle de son être », ils en perdaient leur mobilité – intellectuelle et politique – et que « le fonctionnement autour de lui et la circulation de l'information » s'en trouvaient du même coup « paralysés ».

La séquence, coupée, montée, est devenue virale : soudain ce n'était plus les conseillers et les ministres d'Emmanuel Macron qui le jugeaient « exceptionnel », mais moi qui me voyais accusée de Macronolâtrie ! L'admiration extasiée de mes interlocuteurs devenait la mienne !

Cette tyrannie du premier degré a de fâcheuses conséquences sur Frédéric Beigbeder : de (faux) *bad boy* reconnu par à peu près tout le monde comme un (vrai) excellent écrivain, il est devenu un martyr de la mauvaise conscience, son visage placardé en une de *Valeurs Actuelles* au-dessus de ces mots qui s'étalent en lettres jaune pétard : « Sauvons l'homme blanc hétérosexuel de 50 ans. » Sous-titre : « Pourquoi il faut soutenir Frédéric Beigbeder face à l'offensive *woke* qui veut le censurer. » C'était en mai 2023. *Valeurs Actuelles* aurait eu tort de se priver de tenter de « récupérer » celui qui, compte tenu du déchaînement d'associations féministes, avait dû, le mois précédent, se faire escorter par trois cars de policiers pour aller rencontrer ses lecteurs bordelais. La librairie Mollat où il venait faire une conférence sur son nouveau livre, *Confessions d'un hétérosexuel légèrement dépassé*[1], avait été placardée de collages infamants : « 176 pages de branlette misogyne », « Tu as un discours de violeur », etc.

1. Albin Michel, 2023.

Il y a encore peu, Frédéric Beigbeder était maître dans l'art – littéraire, mondain, médiatique – de faire du judo avec l'époque et les bons sentiments. Les bienpensants l'aimaient de savoir comme personne se moquer d'eux. Désormais, les mêmes prennent au pied de la lettre toutes ses provocations – parfois inutiles, mais jamais coupables – et l'accusent d'être complice des violeurs. Qui a changé ? Lui, eux, nous ?

Chaque jour plus virulents, les « purs » prétendent amener l'« impur » Beigbeder à résipiscence.

Pour lui – et à travers lui pour tous ceux qui sont devenus des cibles –, le risque est triple.

Premier piège : la surenchère. S'il n'y prend garde, la violence des attaques le visant pourrait le conduire, insensiblement, et probablement à son insu dans un premier temps, à radicaliser sa propre posture. La radicalité appelle la radicalité. Manuel Valls en sait quelque chose, son patronyme « substantivé » servant aujourd'hui à désigner le mécanisme vicieux qui s'enclenche alors : la « vallsisation », c'est-à-dire, dans la bouche de ses ennemis – et on sait qu'ils furent nombreux –, l'obsession acharnée de la République et de la laïcité, à coup de menton, de sourcils de plus en plus martiaux et d'épiderme crispé-émacié. Menaçant tout combattant de la liberté, cette « vallsisation » est autant une tension de l'être que du discours. Qui déporte l'un et l'autre vers la droite. Pour laisser l'hystérie aux adversaires, une seule solution : s'armer jusqu'aux dents… de modération. Faire du yoga, de l'aquarelle, de la sophrologie, n'importe quoi pourvu que cela vous prémunisse contre les mâchoires trop serrées.

Deuxième péril : le glissement. Le journaliste Claude Askolovitch illustre brillamment le danger guettant ceux qui souffrent trop d'être rejetés par les bienpensants : s'il ne supporte plus d'endurer anathèmes et crachats, l'excommunié peut être tenté de donner des gages aux cracheurs et d'en rajouter au-delà de toute mesure – cela arrive même aux meilleurs…

Enfin, troisième écueil : l'autocensure. Il ne faudrait pas qu'arrive un jour où, parce qu'il aura cédé à l'intimidation, notre mauvais garçon préféré n'ose plus lever ni son verre ni son glaive de papier pour proclamer «Je vous emmerde.»

Trois *scenarii* qui recoupent peu ou prou *Exit, Voice and Loyalty*[1], le livre-référence d'Albert Hirschman publié il y a plus de cinquante ans et qui mettait au jour les attitudes possibles face aux défaillances des organisations. La surenchère «vallsisée» est une façon – excessive – de donner de la voix («*voice*»);

1. Harvard University Press, 1970.

le glissement, une forme de soumission vis-à-vis de l'organisation à laquelle on appartient et à laquelle on se veut loyal (« *loyalty* ») ; l'autocensure, une manière de sortir du jeu (« *exit* »).

Je suis d'accord avec Hirschman : la voix, il n'y a que ça de vrai. Point de salut sans faire claquer, dès que la situation l'exige, de retentissants « Je vous emmerde. » Lesquels peuvent être mus par une mauvaise conscience beigbedesque mais également, ce qui est plus retors, par une bonne conscience qui ne dit pas son nom.

Dans cette deuxième famille, le fils s'appelle Matthieu Pigasse. Un homme d'affaires *successfull* qui se pique d'« anticonformisme », détient *Les Inrocks* et honnit l'ordre établi a le droit d'avoir bonne conscience – même si bien sûr il s'en défend, même s'il se voudrait rebelle entre les rebelles. Quand je l'ai rencontré, Matthieu Pigasse n'a pas attendu vingt minutes avant de me rappeler qu'il venait de Regnéville-sur-Mer, « 250 habitants », a-t-il souligné crânement. « L'idée qu'on peut venir de nulle part et "vous emmerder" est un message magnifique. » S'il le dit.

« Est-ce qu'au moins vous prenez du plaisir à emmerder tout le monde ? » lui ai-je demandé. Il me jeta un regard affligé. « Le problème du plaisir, c'est la perte du désir. » Alors quoi ? Alors pourquoi ?

«Juste pour faire chier. Même si à la fin j'en meurs, je t'aurai fait chier.» Œil canaille. «Je fais ça pour vivre. Ou, comme disait Flaubert, pour faire vomir le bourgeois. Quand je vois le nombre d'ennemis que j'ai, je me dis que j'ai réussi…» Il se baissa pour ramasser sa serviette. «J'ai tout le temps la serviette qui tombe, je bouge toujours les jambes.» Je lui racontai que je ne connaissais qu'une seule autre personne à la jambe aussi intranquille : Manuel Valls. Tiens, encore lui. Que n'avais-je dit ! Oh, ce n'est même pas parce que c'était Manuel Valls. C'eût été Jacques Chirac – dont les jambes ne tenaient pas non plus en place – que ç'aurait été du pareil au même. Matthieu Pigasse est persuadé qu'un vrai révolté se doit de détester les politiques. «*Punks not dead*» m'a-t-il asséné. «Le punk qui n'est pas mort, c'est vous ?» j'ai interrogé. «*Punks not dead*», il a répété. J'étais censée savoir qu'il s'agissait du premier album du groupe de punk rock britannique The Exploited. J'ai surtout compris qu'il en avait tiré une devise. Il se prenait pour un punk – un autre de ses points communs avec Beigbeder… Matthieu Pigasse me dévisagea : «Je ne compromets pas, moi.»

Je lui fis remarquer en riant qu'en français, le verbe «compromettre» était soit un verbe pronominal, soit un transitif direct ; jamais un intransitif. «*We will not compromise*», répliqua-t-il en haussant les épaules.

Va pour l'intransitif en anglais. Et pour le message radical dont la traduction ne souffre pas d'ambiguïté : « Nous ne ferons aucun compromis ». Comme je ne paraissais toujours pas comprendre où il voulait en venir avec son affaire de compromis, il consentit à sous-titrer : « Écoutez *Neocon* de The Offspring. » J'ai vérifié après, ces punk rockers-là sont californiens et dans cette chanson ils crient aussi : « *We won't be pushed aside, we'll go on, we will fight.* » (« Nous ne serons pas écartés, nous continuerons, nous nous battrons. »)

Il a mis la musique – politique – au poste de commande. « Écoutez aussi "Maximum" du groupe Oberkampf. » J'ai imaginé que c'était du punk rock français. Il connaissait la chanson par cœur : « Nous voulons le maximum, rien d'autre et rien que ça ! » À ce moment-là, je lui ai demandé s'il se sentait seul. « Pourquoi vous dites ça ? » Ses yeux me cognèrent. « Je suis très asocial, vous ne me verrez nulle part sauf dans les concerts, dans la fosse. J'aime l'instant de communion, la transcendance. » Pause. « Non mais sérieusement ! » insista-t-il alors que je n'avais rien objecté. Pendant le dîner il aura prononcé ces trois mots en guise de virgule une bonne dizaine de fois. « Non mais sérieusement ! » Comme s'il inoculait un contrepoison après avoir lui-même injecté le poison. Le poison : la façon dont il se moque sans cesse de tout, en précisant, sans jamais rire vraiment, «On peut rire, merde!» Jusqu'au prochain «non mais sérieusement!» Au moins Frédéric Beigbeder, lui, prend-il le temps de faire semblant de rire vraiment.

Les deux hommes tomberaient d'accord pour dire que ce monde est «con et moche» – selon les termes de Frédéric Beigbeder. Ceux de Matthieu Pigasse : «On peut mourir demain. Tout ça est une comédie avec des gens médiocres, dans une époque médiocre. Je suis joueur, je suis camusien. Je pense que la vie est absurde. J'ai lu dix-huit fois *Le Mythe de Sisyphe*, et quarante-trois fois *L'Homme révolté*. Que fait-on avant que le décor ne s'écroule? Soit vous subissez, soit vous disparaissez, et le suicide est une disparition, soit vous vous battez.» N'a-t-il pas baptisé «Combat» le groupe de médias qu'il a créé – et qui comprend *Les Inrockuptibles*, Radio Nova ou Rock en Seine?

Là où Frédéric Beigbeder fait du judo avec les mots, Matthieu Pigasse, lui, se réclame du jiu-jitsu. La différence? Si le judoka se doit de peaufiner son art de l'immobilisation, le jujitsuka, lui, se focalise sur le combat au sol à mains nues. «Le jiu-jitsu, c'est l'art du vide, nous a exposé Matthieu Pigasse. C'est créer du vide pour retourner la force de l'adversaire contre lui-même.» À l'un, la mauvaise conscience qui se contente de neutraliser l'adversaire ; à l'autre, la bonne conscience qui soumet par étranglement.

On ne le dira jamais assez : la mauvaise conscience a du bon.

Le dîner de con(gédiés)

Rien n'arrête ceux qui pensent se situer très très au-dessus de toutes ces histoires de conscience. Emmanuel Macron aura inventé un nouveau concept : le dîner de con(gédiés). Après avoir, dans la soirée du 17 juillet, fait dire à son entourage qu'il avait *in fine* « décidé de maintenir la Première ministre » et après que, dans la foulée, Matignon eut annoncé qu'Élisabeth-Borne-la-maintenue allait remanier son gouvernement, le chef de l'État a convié les ministres ainsi avertis – et de ce fait parfaitement terrorisés… – à dîner le lendemain, 18 juillet, à l'Élysée avec leurs conjoints. Certes, ce dîner avec les moitiés avant les congés d'été est une tradition. Mais c'est la première fois qu'il précède de quelques heures un remaniement annoncé.

Avec, pour raffiner le concept, une mise en condition préliminaire des con(vives). Les conseillers élyséens se sont chargés d'expliquer aux journalistes que le remaniement interviendrait avant la fin de la semaine. Sachant que le Conseil des ministres prévu le mercredi, lendemain du dîner, a d'abord été reporté au jeudi – avant d'être re-reporté au vendredi. Sachant surtout que ces informations, savamment distillées, participent à la torture des ministres. Résultat : tous se sont rendus au dîner convaincus que le verdict tomberait dans les heures suivant les agapes.

Le soir du dîner, pas question de relâcher la pression. La dramaturgie avait été soignée de manière à continuer de mettre leurs nerfs à rude épreuve : ils ont appris qu'Emmanuel Macron et Élisabeth Borne allaient s'entretenir en tête à tête juste avant la réception afin d'échanger leurs listes de têtes à couper. Ambiance.

Même Élisabeth Borne n'a pas été autorisée à savourer la reconduction de son bail rue de Varenne. Elle aurait voulu un peu de mise en scène, quelques lauriers symboliques, avoir l'opportunité de donner sa démission à Emmanuel Macron et de se voir par lui renommée. Au lieu de quoi elle a dû se contenter d'un maintien sans tambour ni trompette ni enthousiasme, juste un SMS envoyé à la presse par l'entourage d'Emmanuel Macron – c'est dire le peu de cas qui est fait d'elle à l'Élysée. Mais bon, ce soir-là, elle était quand même la seule à avoir le privilège d'être officiellement fixée sur son sort, et elle avait bien l'intention de tirer tout le profit possible de cette position – momentanée – de supériorité. Elle affichait l'air sévèrement satisfait d'une maîtresse d'école recevant ses élèves pour la fête de fin d'année en ayant retenu par devers elle l'avis de passage dans la classe supérieure.

Quand donc les ministres se retrouvent soi-disant pour festoyer dans la joie et la bonne humeur, Emmanuel Macron entre en scène. Attentionné et affable, très. Contre-pied, contrepoint, ce qu'il préfère. Les participants n'en reviennent pas de voir le plaisir qu'il semble prendre à faire mine de dédramatiser une situation qu'il a lui-même créée. « Dans une vie antérieure, j'ai été à votre place et je sais que ces moments ne sont jamais agréables », déclare-t-il avec la chaleur des grands soirs. Nul n'a relevé que c'était totalement faux.

Jamais, dans sa courte vie de ministre, Emmanuel Macron n'a été en situation de s'inquiéter pour son maintien en poste ; au contraire, c'est lui qui avait laissé planer au-dessus de la tête de François Hollande l'épée de Damoclès de sa démission – et de la candidature à la présidentielle qui en découlerait. Mais ne cherchons pas la petite bête et écoutons les conseils qu'il a prodigués aux ministres : « Il faut prendre beaucoup de distance. » C'est l'inventeur du supplice qui le dit. Le même, décidément plein de vraie-fausse compassion, va jusqu'à donner aux malheureux qui ne seront pas reconduits des raisons de se consoler : « Nous aurons beaucoup de réformes à conduire à la rentrée prochaine. Les choses ne seront pas plus simples car la vie politique ne se simplifiera pas. »

« Il vaut mieux, en rire, vous ne croyez pas ? Il se joue de nous, philosophera un ministre qui a réussi à ne pas mettre d'affect dans sa relation avec le président. S'il était insensible, il ne se montrerait pas aussi sadique. Il faut de la sensibilité pour martyriser les gens ainsi ! »

Un perron, une maman et de grandes mains

Si Laurent Wauquiez joue «petit bras» – ainsi que le lui a reproché Nicolas Sarkozy devant les lecteurs du *Parisien* fin août 2023 –, n'est-ce pas parce que ses mains ont mauvaise conscience… d'être trop grandes? Ce n'est pas une boutade. Avez-vous seulement prêté attention à la taille XXL des bras – et des mains! – du président de la région Auvergne-Rhône-Alpes? Cela m'a tout particulièrement frappée lors d'un raout parisien d'envergure, à la veille de la dernière trêve estivale.

Ce soir-là, Laurent Wauquiez est resté pendant deux bonnes heures sur le perron qui, telle une terrasse en surplomb, menait au jardin dans lequel s'égayaient les invités. Un emplacement stratégique pour qui souhaite être vu de tous et avoir le loisir de saluer chacun des arrivants. Il était un convive parmi les convives, mais comme il parvenait à rester au centre de la scène au lieu de se laisser happer par les uns puis les autres, on aurait pu croire que c'était lui qui recevait. Sourire pour chacun, accolade pour beaucoup, un petit mot glissé au passage, parfois une messe basse. Une extrême urbanité très signifiante quand on sait à quel point il a toujours préféré le provincialisme crotté au mondanisme des pince-fesses de la capitale. Mais voilà, il n'ignore pas que s'il veut avoir une chance de s'imposer comme le candidat naturel de sa famille politique, il doit désamorcer la méfiance qu'il inspire à l'*establishment* et le procès en insincérité que lui intentent les belles gens.

Le parterre, ce soir-là, était fourni en figures du Tout-Paris : patrons, élus, conseillers ministériels, journalistes, communicants, lobbyistes et autres agents d'influence… « Tu as vu Wauquiez ? Il a l'air en grande forme… » « Impossible de rater Wauquiez ! On dirait qu'il a grandi… En tout cas je n'avais pas réalisé qu'il était aussi grand… », etc. Décidément, ça payait, la position de surplomb : tous avaient pour parler de lui le mot « grand » à la bouche.

Et tandis que, depuis la pelouse en léger contrebas, je me tournais pour jeter un œil à l'escogriffe qui jouait au maître de céans, je fus frappée par l'activité de ses mains, et par leurs dimensions. De là où j'étais, on aurait dit deux pales qui tranchaient l'air à contre-courant.

Une giration vers l'arrière. Nouveau coup d'œil : cette fois j'eus le sentiment que ces mains se dressaient comme des herses entre leur propriétaire et le reste du monde. À la manière des ailes de géant baudelairiennes qui, une fois sur terre, ne se déploieraient pas dans le bon sens. Une pensée pour l'Albatros. Même quand Laurent Wauquiez tend ses mains vers vous, c'est pour vous en montrer le dos – la paume, il la garde pour lui. Ses mots cherchent à vous embarquer ; ses mains font l'aveu contraire. Elles ne donnent rien, elles prennent et elles ramènent à lui. Elles n'en ont que pour lui. Un communicant avisé ferait bien de lui conseiller de les ouvrir. Vers l'autre, vers le ciel, qu'importe, pourvu que la tournure – du poignet, de l'esprit et peut-être des événements… – soit inversée.

Emmanuel Macron, lui, a appris à faire mine de donner. Pour vous faire croire que vous avez un intérêt, il vous serre la main à vous la broyer en plantant ses yeux dans les vôtres – sans jamais cligner les siens… – comme s'il allait aspirer votre âme. La gober comme un œuf frais. Un shoot d'intensité de dix secondes dont beaucoup ne se sont pas remis, qui ont cru qu'ils étaient importants, voire aimés.

Surtout que, à chaque fois que c'est possible, Emmanuel Macron joue le double effet Kiss Cool : quelques minutes après le broyage-de-main-aspirateurd'âme, il revient vers sa proie et fond sur elle pour attraper son bras et exercer sur le membre ainsi serré une pression enveloppante censée traduire les espoirs, forcément immenses, qu'Emmanuel Macron fonde en elle. «À cet instant, il faut se ressaisir pour ne pas penser qu'il va vous déclarer son amour ou vous proposer de devenir son Premier ministre», raconte un élu LR devant lequel le chef de l'État a sorti le grand jeu. Au détecteur de mensonges, il n'aurait pas mieux réussi que Laurent Wauquiez. Seulement voilà : son élection «par effraction» – très tôt lui-même a employé ce mot – lui a épargné ce passage normalement obligé. S'il en est un qui le sait presque aussi bien que l'intéressé, c'est Laurent Wauquiez.

Emmanuel Macron lui ressemble trop pour ne pas lui être insupportable. D'autant plus qu'il le tient pour fichtrement plus artificiel que lui. C'est bien simple : à ses yeux, Emmanuel Macron est la plus étincelante des intelligences artificielles, un ChatGPT version ultime, absolument a-sentimental et par là-même incapable de la moindre authenticité. Ça l'a entêté, Laurent Wauquiez, de ne pas trouver de réponse à cette question : par quelle injuste ruse du sort Emmanuel Macron a-t-il réussi à duper les Français en un claquement de doigts alors que lui est prié de se soumettre tout entier, et de la tête aux pieds, et toute la journée, et depuis des décennies, au détecteur de mensonges ?

Circonstances qui aggravent encore son indignation : il ne comprend pas pourquoi un homme ayant raté le concours d'entrée à l'ENS, l'école que lui, Laurent Wauquiez, a fini magistralement en étant reçu premier à l'agrégation d'histoire, un homme qui, contrairement à lui, n'a pas réussi à sortir major de l'ENA, un homme pas moins extraterrestre que lui, et peut-être plus, qui sait ?, pourquoi ledit homme a été exempté par la vie (politique) de l'examen d'authenticité, le seul auquel Laurent Wauquiez ait été recalé.

Ces incompréhensions sont les ressorts intimes de la haine qu'il voue à Emmanuel Macron – et qui a éclaté au grand jour en octobre 2017, c'est-à-dire moins de six mois après l'arrivée de celui-ci à l'Élysée, dans un texte publié par *Le JDD* qui avait gêné son camp : « Ce qui me frappe chez Emmanuel Macron, c'est le désert de l'âme, assénait-il. Dans sa façon de parler de la France comme de s'adresser aux Français, il n'y a pas d'amour ; il y a de la morgue. Il est hanté par une haine de la province. Bien sûr que chez tout politique l'ego est surdilaté, bien sûr que chez tout politique il y a la volonté de séduire n'importe quel lampadaire qui se présente, mais lui est passé de l'autre côté du miroir. Il n'est porté que par un seul projet : lui-même. Il dit n'être ni de droite ni de gauche et je pense que c'est profondément vrai. C'est un vide. »

Il y a de la passion, dans ces mots. Une passion qui va bien au-delà de la politique. Une passion existentielle. Emmanuel Macron le touche – et le remet en cause – dans ce qu'il est. Au fond, *mutatis mutandis*, Emmanuel Macron est à Laurent Wauquiez ce que ce dernier fut à Nathalie Kosciusko-Morizet : l'intrus de quelques années de moins surgissant sans se faire annoncer et bousculant l'équilibre du surdoué qui s'y voyait déjà. Laurent Wauquiez a deux ans de moins que NKM et Emmanuel Macron, deux ans et demi de moins que Laurent Wauquiez…

Dans les générations précédentes, Alain Juppé éprouva quelque chose de semblable quand il vit Dominique Villepin, son ancien directeur de cabinet, devenir Premier ministre alors que lui-même, mis hors-jeu par l'affaire des emplois fictifs, partait s'exiler à Montréal. Ce n'est pas pour rien qu'il lui attribua alors un surnom forgé dans la colère, le dédain et la jalousie : « L'épique en chef ». Je me souviens encore de la moue mi-dégoûtée mi-envieuse qui accompagnait le prononcé de ces mots.

Je me souviens aussi des yeux rageurs de Laurent Wauquiez, tandis que devant mon enregistreur et moi il brossait le portrait susmentionné d'Emmanuel Macron pour *Le JDD*. Rage qui a, semble-t-il, mis longtemps à s'apaiser.

Lorsqu'à la faveur d'une table ronde pendant la campagne présidentielle de 2022 il a accusé Emmanuel Macron d'être « tout à la fois monarchique et dictateur », en réponse à la question d'un élu local, Valérie Pécresse a pensé qu'il avait fait cette faute pour la « planter ». C'est le verbe qu'elle a employé à plusieurs reprises devant son équipe. Elle était loin du compte. Si Laurent Wauquiez a commis l'impair de traiter le président-candidat de « dictateur », c'est sous l'effet de sa haine à débordements… que désormais il travaille à contenir. Il faut voir comment, après la cure d'abstinence médiatique qu'il s'est imposée, il s'astreint maintenant à la modération dès lors qu'il s'agit d'Emmanuel Macron. L'entretien-fleuve de mai 2023 dans *Le Point* est un modèle du genre. C'en est presque drôle. « Soyons justes : Emmanuel Macron a réussi à incarner la France à l'international. Il a donné une impulsion au niveau européen, il a porté une ambition, des idées. Il ne nous a pas fait honte, contrairement parfois à son prédécesseur », va-t-il jusqu'à admettre. Certes, l'auteur de ces propos a en tête de tenter de reconquérir l'électorat de droite parti chez Emmanuel Macron. Mais ce qui se joue en la matière pour Laurent

Wauquiez est plus profond. Il a décidé de tout prendre de haut, y compris ses propres démons – dont sa haine de l'actuel président. Le surplomb, ça vous oblige… Ça l'a notamment obligé à dire qu'Emmanuel Macron n'est pas responsable de cette «décadence» qui est au cœur de son diagnostic sur la France. «Il est responsable de n'avoir pas su la corriger», affirme-t-il. Et au cas où ce ne serait pas clair : «Je ne dirais pas que Macron, c'est la catastrophe. Il a réussi des choses, mais il n'a pas enrayé la décadence. La vraie question n'est pas de savoir s'il est responsable de tous les maux, mais de comprendre pourquoi il n'arrive pas à les résoudre, lui comme François Hollande et d'autres avant lui.» Presque trop raisonnable.

Attention, s'il aimerait nous faire croire qu'il a appris la magnanimité, ce n'est pas parce qu'il aurait mauvaise conscience d'avoir dit tant de mal d'Emmanuel Macron. Il a juste conscience que c'était politiquement mauvais. La seule part de lui vraiment douée de mauvaise conscience, ce sont ses mains imposantes et ses bras trop longs.

Le soir du cocktail, les unes et les autres étaient à la fête. À l'instar de sa mère, la vénérable Éliane Wauquiez-Motte. J'écris vénérable parce qu'elle fut pendant douze ans – et jusqu'à ses 81 ans en 2020 – maire de ce village de «Justes parmi les nations» qu'est Le Chambon-sur-Lignon, dont les habitants, en risquant leur vie pour sauver des enfants juifs, ont montré au monde ce qu'était le courage suprême en acte. Ce n'est pas rien, d'être l'élu du Chambon-sur-Lignon. Ça pose son homme – sa femme, en l'espèce.

Éliane Wauquiez-Motte n'est pas restée à côté de son fils sur le perron. Mais elle l'avait à l'œil. Comme toujours. Toujours elle a beaucoup attendu de lui. Beaucoup est un euphémisme. Elle attend tout de lui. Et lui est prêt à tout pour elle. Dès qu'il fut en âge de faire la démarche juridique et administrative nécessaire, il a, en signe d'hommage, tenu à porter le nom de jeune fille de sa mère, Motte, accolé à celui de ce père parti quand il était petit. Il n'a renoncé à Motte que parce que Jacques Barrot ne lui a pas laissé le choix : un si long patronyme passerait mal sur les affiches de campagne, lui opposa-t-il. Qu'à cela ne tienne : le jeune homme n'aura de cesse de trouver d'autres façons d'honorer sa maman.

Pendant la réception, elle a été assaillie par les complimenteurs. Quand mère et fils ont fini par quitter la fête ensemble, elle était radieuse. Il n'avait pas perdu sa soirée. Car la première personne à qui il a besoin de donner bonne conscience, c'est elle.

Les canons de la bonne conscience

On peut tout se permettre quand on est certain d'être dans le camp du bien. Pour mesurer la force désinhibante que donne la bonne conscience, *a fortiori* quand elle s'exerce à bon escient, rien de tel que de revisionner l'incroyable vidéo diffusée en octobre 2022 par le ministère de la Défense ukrainien pour prier la France de lui livrer des canons Caesar. Un clip très officiel et néanmoins on-ne-peut-plus-transgressif qui subvertit sans ambages les codes de la communication militaire pour allier les symboles de l'amour et ceux de la guerre.

On croyait que le célèbre axiome soixante-huitard «Faites l'amour pas la guerre» était indépassable. Que toujours Éros s'opposerait à Thanatos. On était vieux jeu. Parce que la fin justifie les moyens, le gouvernement ukrainien s'est aventuré à faire convoler en justes noces l'amour et la guerre. Histoire de mieux proclamer son désir de se voir livrer les fameux canons Caesar de fabrication française. Tous les clichés sur la France y passent, sous la forme d'une supplique audacieusement ironique.

Le choix de la bande-son de ce film de propagande 3.0 est à soi seul un programme : «Je t'aime moi non plus» de Gainsbourg. L'érotisme assumé de la chanson épouse l'imagerie. Canon d'un côté, rose rouge de l'autre. Le symbole phallique est suraccentué comme pour flatter notre virilité nationale. Chaque plan est un appel. Il faut dresser la tête; il faut savoir tirer; il faut conclure, être concret. Se succèdent les prises de vue de canons dans toutes les positions. On alterne l'érotisme sucré des symboles de paix (une rose rouge charnue, du chocolat, les mains d'un homme et d'une femme unis devant la tour Eiffel) et la pornographie blindée des symboles de guerre (tanks, camions et canons).

Mais le clip invoque aussi de manière subliminale les irritations de Volodymyr Zelensky devant la relation maintenue entre Emmanuel Macron et Vladimir Poutine. Et comme s'il s'agissait de compenser ce travers, se succèdent les images des présidents Emmanuel Macron et Volodymyr Zelensky en train de se congratuler et d'échanger des regards complices. Le clip entier oscille entre l'affirmation d'un lien et le besoin non assouvi que ça aille plus loin.

Excepté le duo Gainsbourg-Birkin évidemment dans la langue de Voltaire, le reste est en anglais : «*Romantic gestures take many forms*» («Les gestes romantiques prennent bien des formes»), peut-on lire au début. «*But if you really want to win our hearts, nothing beats 155mm highly mobile self-propelled artillery.*» («Mais si vous voulez vraiment gagner nos cœurs, rien ne vaut une artillerie automotrice très mobile de 155mm.») Comprenez : on aime vos déclarations d'amour mais on préfère les preuves d'amour. On dit donc merci pour les canons déjà envoyés. «Merci France», est-il écrit, en français cette fois – avec une vraie-fausse petite maladresse de langage destinée à accentuer le charme... Et de conclure avec un drapeau français en toile de fond : «*Please send us more.*» On ne saurait manier avec plus de dextérité un message de séduction mâtiné de grande exigence.

Cette même dextérité, presque rouée, se retrouve de bout en bout du fil Twitter du ministère de la Défense ukrainien. Alternance des styles. Ici, des photos de libération des territoires repris aux Russes sur fond de musique rock, «*Unbreakable*» de TELYKast et Sam Gray. Là, un film en noir et blanc qui reprend les codes du cinéma contemporain au rythme de

«*Beyond measure*» de Christoffer Moe. Si les Russes en sont restés à la bonne vieille Pravda, les Ukrainiens sont passés maîtres dans l'art de la communication postmoderne. Gageons qu'il y aura dans les temps qui viennent des modes vestimentaires, musicales, publicitaires inspirées par l'Ukraine... Les guerres ne sont pas seulement des accélérateurs technologiques ; en matière de propagande aussi, elles produisent des sauts inouïs.

Comment, après ça, ne pas donner nos Caesars au César de Kiev ?

«Prout atomique»

Gare à ces figures glorifiées par petits et grands comme le fleuron de la subversion et qui, en fait, incarnent… la nouvelle bonne conscience. Vous avez forcément croisé, sur la couverture d'un album traînant dans une chambre d'enfant, cette fillette avec un casque de cheveux orange et un air durement volontaire qui se prénomme Adèle et n'a que de vilaines idées. «Mortelle Adèle», c'est son petit nom. Un phénomène de librairie – 15 millions de lecteurs, tout de même – devenu un phénomène de cours de récré et au-delà… Il y a désormais et dans le désordre, pour les fans de la série de Mr Tan et Diane Le Feyer, des romans, un magazine, des cahiers, des agendas, des mugs, des gourdes, des pin's, des tee-shirts, des chaussettes, des sacs à dos, des figurines en plastique, des peluches – ils n'ont rien oublié. Il y a même une série centrée sur Ajax (le chat d'Adèle par elle incessamment torturé), un site web, un groupe de musique, un podcast sur Gulli et bientôt (en 2024) un dessin animé de… 78 épisodes.

Après avoir eu droit à une exposition au festival d'Angoulême en 2022, voilà que Mortelle Adèle a les honneurs du Centre national du livre (CNL). En effet c'est elle que cette auguste institution a choisie comme héroïne de l'édition 2023 de Partir en Livre, le rendez-vous littéraire créé sous l'égide du ministère de la Culture dans le but de « transmettre le plaisir de lire aux enfants et aux adolescents ». « Qui de mieux que l'attachante Mortelle Adèle pour encourager les jeunes à dépasser leurs limites, casser les préjugés, oser aller vers ce qui leur plaît, assumer d'être parfois un peu différents, et s'en délecter ! » se félicite le CNL sur la plaquette de présentation. Telle est l'estampille apposée au pied de Mortelle Adèle par l'instance officielle chargée de rien de moins que la promotion du goût des livres au pays de Rimbaud. La petite Adèle auréolée du grand sceau de la République.

Tant que je n'avais pas ouvert un album, je n'imaginais pas que cette onction signait la soumission à un faux semblant d'anticonformisme. Il a fallu que ma fille, 7 ans à l'époque, moue soudain suppliante, vienne me trouver alors que j'étais à la caisse d'un Relay d'aéroport pour me demander de lui acheter

Prout atomique. Pour ne pas perdre une minute, elle a commencé de le lire en marchant vers la porte d'embarquement. Idéal, dans le dédale des salles bondées d'un terminal d'Orly et quand vous mesurez 1m30, de marcher sans lever la tête d'un livre obstruant la vision du monde qui vous entoure. Une obstruction qui vaut au sens propre comme au figuré – ce que je découvrirai en me plongeant moi aussi dans les aventures de cette Mortelle Adèle.

Qu'aurait donné une psychanalyse de ces contes de monstre par Bruno Bettelheim ?

Le propos se prétend à rebours des poncifs gnangnan qui sous-tendent la société patriarcale : les bébés ne sont pas des anges et ils peuvent déjà avoir des idées mortelles. Jusque-là, pourquoi pas ? Par principe, toute subversion est bonne à prendre. À la dixième page, plus de doute : j'ai dans les mains la bible illustrée de l'anticonformisme primaire devenu le nouveau conformisme.

Celle dont la quatrième de couverture prétend qu'elle est une «adorable peste» déteste ses (gentils) parents – qu'elle n'a de cesse de martyriser, de monter l'un contre l'autre, se délectant du mal qu'elle leur fait –, son chat, le fameux Ajax, donc, *et caetera*. Seuls épargnés par sa vilenie, l'oncle homosexuel («J'ai l'oncle le plus cool de la Terre ! Il aime les jeux vidéo, le *fast-food* et les figurines de super-héros. Et comme Jérôme, son amoureux, est un peu comme lui, j'ai doublement de la chance : deux super tontons pour le prix d'un ! ») et la camarade d'école colorée, portant comme il se doit des boucles d'oreilles créoles et le prénom de la chanson de Julien Clerc célébrant la « métisse d'Ibiza », Mélissa. Adèle vole à son secours dans la cour pour la défendre contre deux petites oies blanches évidemment écervelées. Puisqu'ici les évidences sont ostentatoirement progressistes, c'est-à-dire prétendument rebelles, c'est le papa qui fait la cuisine.

Sous couvert de pourfendre les hypocrisies discriminantes, les visions sociétalement et culturellement orientées et les stéréotypes, l'auteur en édicte d'autres, inversés. En témoigne cet échange entre Adèle et une copine blonde lui disant qu'elle est « un garçon manqué ». Réplique d'Adèle : « Je suis capable de dresser un alligator, et je peux faire douze bêtises par seconde. Et tout ça sans défaire mes couettes ! » La blondinette : « Ah oui, et t'es quoi si t'es pas un garçon manqué ? » Adèle : « Bah… Une fille tout ce qu'il y a de plus réussie ! »

Qui a dit que les albums pour enfants n'étaient pas politiques ? Princesse au Petit Pois, revenez, ils sont devenus fous ! Et nous avec...

Mercredi ou la vie sauvage

Loin d'être un épiphénomène, Mortelle Adèle nous livre les clés idéologiques du succès : promettre de l'anticonformisme et offrir, en prime, le luxe de la bonne conscience. La recette fonctionne aussi à la télé. Prenez *Mercredi*, la teen-série de Tim Burton racontant les aventures de la fille de la famille Addams, qui s'est hissée à la troisième place des séries les plus visionnées de l'histoire de Netflix. Le sadisme gothico-adolescent de Mercredi ne doit pas davantage nous tromper que celui, primo-enfantin, de la petite Adèle : le propos n'est subversif qu'en surface. Sur le fond, il épouse l'humeur de l'époque. Il faut voir avec quelle *maestria* le scénario de *Mercredi* reprend à son compte, en la magnifiant, la grammaire – et la conjugaison… – de ce vandalisme de l'effacement qu'est la *cancel culture* – en français « la culture de l'annulation ». Pour mieux en finir avec une statue, on la brûle. L'épisode 3 de la saison 1 est tout entier construit autour du courage de la jeune fille qui réussit à faire flamber, le jour de son inauguration, la statue de Joseph Crackstone, le père fondateur de la ville de Jéricho. Mercredi entend lui faire payer ses infamies, au premier rang desquelles un massacre de marginaux dont la seule rescapée fut Goody Addams, l'ancêtre de l'héroïne.

«Je ne crois ni au paradis ni à l'enfer, mais je crois à la vengeance. D'habitude je la sers chaude avec un supplément douleur (*sic*), mais je n'ai jamais affronté un adversaire de bronze», déclare Mercredi en voix off.

Qui pourra dire que c'est maaaaaal de voir, dans un film fantastique, la statue d'un méchant – parce qu'assurément ce Joseph Crackstone est un salopard – réduite en cendres par les pouvoirs magiques d'une petite jeune fille aux yeux perçants presque aussi noirs que ses nattes?

Sans compter que la scène est belle et jouissivement filmée : les flammes grandissent, tandis que résonne la fanfare du lycée et que Mercredi s'acharne sur son violoncelle, donnant des coups d'archet de plus en plus frénétiques.

La virtuosité de la réalisation ne fait qu'aggraver les choses. Si cette séquence m'a arrêtée, c'est parce qu'elle cautionne à la perfection les modalités éradicatrices qu'empruntent aujourd'hui ces contestations communautaristes. Et parce qu'elle fait basculer dans le camp du bien – Mercredi est le bien – des pratiques relevant de la *cancel culture* : les autodafés de symboles censés offenser telle ou telle communauté, le déboulonnage de statues accusées de laisser dans l'espace public des traces historiques blessantes pour telle autre.

À aucun moment le mot *woke* n'est prononcé – les scénaristes ne voudraient surtout pas avoir l'air de se mêler de politique… Mais sur les réseaux sociaux, les fans ne s'y trompent pas, à l'instar de « Lemmy » qui s'extasie : « Mercredi apporte une nouvelle représentation féminine hors patriarcat, qui n'hésite pas à brûler les statues d'une Amérique négationniste ! » L'affaire est entendue.

Le « transfo »

Aux mille et une définitions de la politique, il faut ajouter celle-ci : l'art – et la manière – de tenter de convertir la mauvaise conscience en bonne conscience. En dénichant le bon transformateur, au sens électrique. Le « transfo ». Un gros boîtier gris et très lourd qui, quand la France est passée du 110 au 220 volts dans les années 1970, permettait, en se branchant dessus, de voir, de l'autre côté, sortir la bonne puissance. Si vous oubliiez d'utiliser le « transfo » et que vous mettiez du 110 sur du 220, vous fichiez en l'air votre appareil. Vous le grilliez.

Pour avoir une chance de durer, les politiques ne doivent pas oublier le transfo. Alors quand ils en ont trouvé un qui fonctionne, ils en usent et abusent. Prenez les animaux – l'un de leurs « transfos » préférés, le convertisseur de mauvaise conscience réputé le plus efficace, d'une génération à l'autre, du conseiller municipal d'opposition au chef de l'État. Depuis Georges Pompidou et son fidèle Jupiter, pas un président qui n'ait eu son chien – un labrador pour la plupart, parce que perçu comme familial et consensuel. « Quand vous posez à côté d'un chien en train de vous faire la fête ou lorsque vous le promenez, cela prouve que vous êtes quelqu'un de sympa », décrypte Lucas Jakubowicz, auteur d'*Un animal pour les gouverner tous. Comment les dirigeants politiques exploitent les bêtes pour nous manipuler*[1].

Emmanuel Macron, qui a tenu à déroger à la tradition en allant se servir à la SPA plutôt que chez le fournisseur officiel et en optant pour un bâtard, a néanmoins choisi un croisé griffon noir… labrador. Même un champion de la disruption ne saurait prendre le risque de rompre complètement avec un « transfo » qui a fait ses preuves.

« Plutôt que de mettre des choses compliquées et techniques sur vos comptes Twitter ou Instagram, mettez des photos de chats et de chiens et, vous verrez, ça ira mieux ! » Tel est le conseil donné en janvier 2020 par Gérald Darmanin, alors ministre de l'Action et des Comptes publics, à tous ses collègues réunis en séminaire gouvernemental. On ne peut exclure que ce

1. Arkhe, 2021.

soit pour suivre cette recommandation que deux mois et demi plus tard, en plein confinement, Bruno Le Maire ait photographié – et «instagramé» – son cochon d'Inde Jackie sur la table de la cuisine. En assortissant l'envoi de ces mots : «Je vous présente Jackie, certainement la personne la plus importante de la maison !»

Le ministre de l'Économie n'avait pu être que sensible aux arguments de Gérald Darmanin : «Vous montrerez que vous avez du cœur et de l'émotion, avait plaidé ce dernier. Moi je le fais !» Il le fait même non-stop. Ça a commencé le 9 décembre 2017, quand il a mis sur Facebook la photo d'un chaton : «Faites comme moi, adoptez un animal. Je vous présente Boris, le nouveau chat du ministère des Comptes publics.» Je suis prête à parier que Gérald Darmanin, qui ne fait rien au hasard, a consulté des études établissant que le potentiel viral des chats sur les réseaux sociaux était plus important que celui des chiens, en raison de leur «mignonnerie» propice aux likes et aux retweets.

Depuis, il nous conte, sur ses réseaux, les aventures de son double aimable. Un jour il poste sur Twitter une photo de Boris repu devant une affiche indiquant «Le chat a été nourri deux fois aujourd'hui, merci» ; un autre jour Boris devant la fenêtre du ministère avec cette légende : « Boris le chat tourquennois va participer à l'élaboration du budget 2019. Chat alors ! » Aucune bêbêterie n'est interdite – il faut ce qu'il faut ! Le 28 août 2019, le ministre nous apprend que Boris a été victime « d'hémorragies dues à du plomb situé dans son crâne. Hospitalisé, il reviendra au cabinet demain et sera bientôt opéré ». Tous les prétextes sont bons. Sitôt arrivé place Beauvau, Gérald Darmanin écrit : « Boris a déménagé. Le voici désormais dans son nouvel environnement au ministère de l'Intérieur. » Boris a également été mis à contribution pour la campagne municipale à Tourcoing : c'est lui qui a assuré la présentation digitale du programme sur le bien-être animal. Quand le maître de Boris arrache à Emmanuel Macron l'autorisation de cumuler les postes de maire et de ministre, c'est la carte animale qu'il joue pour mieux se faire pardonner ce privilège, espère-t-il : il annonce que son salaire d'édile ira à la SPA de Tourcoing – sans percevoir la déduction fiscale autorisée, prend-il soin de préciser. La veille du deuxième tour des législatives de juin 2022, il poste une photo de Boris avec, à ses pieds, une affichette « Dimanche, je vote… Gérald Darmanin ! » Rien n'est gratuit. Le ministre a énoncé la stratégie devant ses collègues : « On ne va quand même pas laisser à Marine Le Pen le monopole de l'amour des chats et le profit politique qui va avec ! » Même si, sur ce terrain, la patronne des députés RN semble assez imbattable.

Contrairement à Gérald Darmanin, qui ne poste des photos que de Boris, et aucune de Boris et lui, elle, on la voit en train d'embrasser ses chats, de les embrasser vraiment, bouche contre moustache, ou bien de leur parler, tête contre tête, ou encore de les câliner en leur souriant, un sourire béat qu'on ne lui connaissait pas. Tout cela a l'air doux et gentil. À croire que quand elle est en leur présence, l'effet « transfo » est quasiment métabolique : la fille de Jean-Marie Le Pen change de visage. Quand, en janvier 2020, *L'Express* révèle que c'est elle qui est derrière le compte Instagram privé « Les chats masqués », elle réplique : « Dans une vie politique, il y a une toute petite partie qui est privée. Certains font du sport, d'autres font de la philatélie : moi, j'exprime ma passion de la photo en photographiant mes chats, j'espère ne pas être pendue pour ça ! » On ne saurait plus plus ironiquement réclamer sa part de bonne conscience. Celle qui a rebaptisé son compte « Les chats démasqués » a obtenu, fin 2020, l'Attestation de connaissances pour les animaux de compagnie d'espèces domestiques (Acaced). Option « chats », s'il vous plaît. Aussitôt le document en poche, elle a fait savoir aux journalistes que c'était le diplôme requis quand on souhaitait devenir éleveur professionnel.

Parachevant de la sorte le processus initié par le « transfo » : y a-t-il plus rassurante mère de famille qu'une « mère à chats » accomplie – comme elle s'autodésigne ? Et c'est ainsi que vous avez maintenant une Marine Le Pen à 220 volts – quand le père était resté à 110.

Lorsqu'on l'interroge sur la passion de sa chef, Jordan Bardella répond en ces termes : « Vous n'allez pas me dire qu'aimer les chats, c'est mal ? » Trop content d'inverser la charge de la mauvaise conscience.

Rue de la Grange-aux-Belles

Ce dimanche 5 mars 2017, j'ai cosigné le matin même dans *Le JDD*, avec mon patron Hervé Gattegno, une grande interview de Penelope Fillon s'exprimant pour la première fois sur le « Penelopegate » qui torpille alors, avec les déflagrations que l'on sait, la campagne présidentielle de son mari.

C'est l'heure de déjeuner, enfin plutôt celle du dessert. Je sors du plateau de France 2 où j'ai été invitée pour donner des informations sur l'état d'esprit de l'épouse du candidat de la droite et du centre. Dans le taxi qui me conduit rue de la Grange-aux-Belles où je dois retrouver des amis pour un brunch tardif, je décide de profiter du long trajet depuis France Télévisions jusqu'au Xe arrondissement pour vider mon répondeur. J'écoute les messages l'un après l'autre, mon carnet ouvert sur les genoux afin de noter le nom des gens à rappeler. Soudain, je suis menacée par une voix métallique, mi-homme mi-femme : « Cette fois, vous avez dépassé les bornes... Vous vous êtes prêtée à une machination pour essayer de dédouaner la femme Fillon... Vous prétendez qu'elle croit en Dieu... Tu parles beaucoup trop de Dieu dans tes articles... Tu ne l'emporteras pas au paradis... Je te suis depuis longtemps, je te connais, je connais ta famille... Je vais te poursuivre en enfer... Je voulais que tu le saches, que ça te hante... Tu es maudite. Maudite, tu entends, maudite ! » Comme j'avais mon stylo dans la main, j'ai noté mécaniquement tous ces mots, sans doute un geste réflexe pour mettre une distance entre leur violence et moi.

En raccrochant, je tremble. Qu'avais-je fait de mal ? Je passe en revue l'interview dans ma tête, je ne comprends pas et sors de mon sac le journal pour tout relire. Il y a bien une citation de Penelope Fillon sur sa foi, mais aucun commentaire de notre part, de toute façon, de bout en bout, nous n'avons fait que retranscrire ses propos.

Je tente de me raisonner, mais impossible de chasser de ma bouche le goût de la mauvaise conscience. Un peu pâteux, du caoutchouc brûlé, une âpreté apeurée qui menace la déglutition.

De quoi, en tout cas, plomber à jamais ce joli nom de rue de la Grange-aux-Belles – associé depuis lors dans mon cerveau à ce goût malaisant. C'est tout juste si je ne fais pas un détour pour éviter la rue.

Le soir même, je fais écouter la bande à un policier de ma connaissance.

— « C'est un message de haine ordinaire », me rassure-t-il.

— C'est quand même quelqu'un qui a mon numéro de portable… Et qui semble avoir de bonnes raisons de m'en vouloir, même si j'ignore tout de ces raisons…

— De bonnes raisons ? Vous vous entendez ? Pourquoi les victimes ont-elles si souvent mauvaise conscience ?

La barbarie des petits malins

Le marteau sadiquement dressé au nom de la morale. C'est le concept du *show* télévisé conçu pour déchiqueter des œuvres d'art à la suite d'un débat sur leurs auteurs que la chaîne britannique Channel 4 a diffusé pour la première fois le 25 octobre 2022. L'émission s'appelle «*Jimmy Carr Destroys Art*» – en français : «Jimmy Carr détruit l'art». Le dénommé Jimmy Carr, animateur du *show* et en cette qualité chargé de présenter au public des œuvres en lui donnant le choix de les liquider ou de les sauver, a fait le *teasing* en posant avec cet outil, le visage barré d'un rictus rigolard-menaçant, sur un fond orange mécanique. «Une expérience télévisée unique où le public décide si l'art de mauvaises personnes mérite d'être vu», stipulait le compte Twitter de la chaîne. Nouvelle version, trashissime, de l'éternelle question sur la distinction entre l'auteur et l'œuvre. Si la condamnation est prononcée, l'œuvre sera détruite au lance-flammes, par une déchiqueteuse, des billes de *paintball* ou toute autre arme broyante susceptible de naître dans les cerveaux manifestement inventifs de la production. Le scénario manquerait de piment si la même production n'avait pas pris soin de spécifier que les œuvres soumises au public seraient exclusivement des originaux.

«*No one else makes TV like this*», a fanfaronné Jimmy Carr le jour de la première. Si seulement on pouvait être sûrs de cela. En matière de sensationnalisme, hélas, la compétition provoque plutôt de l'inflation. Et la finesse est clairement jugée contreproductive. Pour asseoir le prétendu bien-fondé de la démarche, la première œuvre passée à la question fut une aquarelle de… Hitler. Avec une question curieusement posée : «Le monde serait-il meilleur sans ce tableau ?» Ce qui est sûr, c'est que le monde eût été bien meilleur si Hitler avait consacré sa vie à la peinture… Mais là, au moyen du hashtag #Truthanddare, l'objectif est de donner un fondement solide et paradoxal à une première mise en charpie. Le tableau du Führer aura droit aux lames acérées d'une rangée de tronçonneuses. C'est ensuite au peintre Éric Gill de passer au crible biographique des juges cathodiques. Il semble établi qu'il a abusé de ses enfants et même de son chien. Au feu !

In fine, Rolf Harris – condamné pour agressions sexuelles sur des jeunes filles ayant entre 7 et 19 ans – et Picasso – désormais voué aux gémonies par les avant-gardes en raison de son comportement avec les femmes – « sont sauvés et Hitler, déchiqueté (*sic*) », triomphent sur Twitter les responsables de l'émission. La machine est lancée.

De quoi tout cela est-il le nom ? Au premier abord, ce n'est jamais que l'une des nouvelles manifestations de la *cancel culture* et de son principe de destruction de tout ce qui, dans le patrimoine dont nous avons hérité, nous déplaît. L'idée que l'on puisse exiger un examen de pureté des artistes nous ayant précédés n'est pas complètement nouvelle. C'est ainsi que les conquistadores détruisirent les magnifiques idoles amérindiennes au motif qu'elles étaient impies ou, plus récemment, que les Bouddhas de Bâmiyân en Afghanistan furent dynamités par les talibans. Les iconoclastes sont de tous les temps et de toutes les latitudes.

Mais ces pulsions de destruction obéissent aussi à un raisonnement qui n'a rien de gratuit. Dans le cas de cette émission, il s'agit, de manière assumée, de faire de l'audience en provoquant et en scandalisant. Sans compter que cela pourrait bien rencontrer certaines des nouvelles logiques économiques du marché de l'art, à commencer par celles portées par le désormais incontournable Damien Hirst. En projetant de brûler en direct cinq mille de ses œuvres, il a non seulement attiré une nouvelle fois l'attention mais réussi une opération juteuse. En effet, avec l'arrivée des NFT (*Non Fongible Tokens*), des œuvres d'art numérisées et numérotées dont on garantit aux acheteurs qu'ils le sont d'un exemplaire unique, la destruction de l'original physique donne une valeur supplémentaire aux reproductions.

Évidemment, tout cela s'accompagne de discours de l'artiste expliquant que l'on est au deuxième, voire au troisième degré – on ne sait plus – et que la démarche représente une forme d'ironie dénonciatrice des règles du marché. Bien sûr.

La barbarie des petits malins est en marche. Reste à espérer que l'on ne trouvera pas bientôt une grosse tare dans la vie de Gustave Eiffel car alors il faudrait raser la Tour.

« Pourquoi tous ces chichis ? »

Il semble que le curseur de la mauvaise conscience ne soit pas tout à fait placé au même endroit d'une génération à l'autre. Il n'est que de voir comment se pratique le *coming-out* sous la présidence Macron. Nous avons eu droit – et cela seul est un fait de société qui traduit un indéniable déplacement dudit curseur –, à la fois au premier homme ministre et à la première femme ministre à avoir publiquement révélé leur homosexualité dans l'exercice de leurs fonctions. Le premier homme, c'est Clément Beaune, dans le magazine *Têtu* en décembre 2020 – il était à l'époque secrétaire d'État aux Affaires européennes. « Je suis gay et je l'assume », a-t-il alors affirmé à la faveur d'une question sur les droits LGBT en Europe.

Jusque-là, les ministres officiellement gay avaient soit fait leur *outing* dans une vie antérieure, à l'instar de Franck Riester – c'était en 2011, quand il était député-maire UMP de Coulommiers –, soit été *outés* malgré eux, à l'instar de Gabriel Attal. En octobre 2018, au moment de son entrée au gouvernement en qualité de secrétaire d'État à la Jeunesse, l'avocat Juan Branco, son ancien camarade de classe à l'École alsacienne, dénonce sur Twitter une « promotion canapé », révélant au passage que Gabriel Attal est «pacsé avec le conseiller politique de Macron», Stéphane Séjourné. «Tout Paris le sait, mais il paraît que ces choses-là ne se disent pas. Il ne faudrait pas brusquer notre si chère endogamie», poursuit Branco.

Par la suite, Gabriel Attal ne refusera pas de parler de son homosexualité, même s'il sera toujours moins disert sur le sujet que son collègue Clément Beaune.

Est-ce parce qu'il fut le premier que Clément Beaune a décidé d'en faire un cheval de bataille politique ? Ou bien a-t-il été le premier parce que c'est sa cause ? «J'ai depuis le sentiment que je porte une responsabilité pour faire avancer ce combat», confie-t-il dans *Elle* en décembre 2022, trois semaines après s'être épanché sur le sujet dans *Closer*. Il n'y a pas de mauvais support, aux yeux de Clément Beaune, pour mener cette guerre sociétale. Il faut dire que l'hebdo people l'a bien traité : une grande interview et l'édito louangeur du rédacteur en chef, qui lui décerne un «carton rose» et salue un «entretien vrai et sincère» et «sans fausse pudeur.» Au sommet de l'État, nul ne fait grief au ministre de frayer ainsi avec la presse à sensation ; au contraire, on trouve ça drôle.

La première femme, c'est Sarah El Haïry, un peu plus de deux ans après, en avril 2023, au détour d'une question de *Forbes* sur les attaques dont elle est régulièrement la cible sur les réseaux sociaux. «Quand ma famille ou ma compagne sont touchées, oui, ça me fait de la peine», a glissé la secrétaire d'État alors chargée de la Jeunesse et du Service national.

Moins de quinze jours avant Sarah El Haïry et juste après l'utilisation du 49-3 pour faire adopter la réforme des retraites, le ministre du Travail Olivier Dussopt confiait dans *Têtu* : «Je peux vous assurer que dans les insultes que je reçois depuis quelques semaines, nombreuses sont les remarques homophobes.» Et de préciser que son homosexualité n'était «ni un secret ni un sujet».

Accusé d'avoir voulu faire diversion en pleine tempête des retraites, il a juré n'avoir pas choisi le moment. Si c'est vrai, c'est que le hasard a bien fait les choses. Quand on est dans la tourmente sur le terrain social – et Olivier Dussopt ne pouvait l'être davantage, en tant que cheville ouvrière d'une réforme rejetée avec la violence que l'on sait –, il n'est pas malhabile de chercher la rédemption sur le versant sociétal.

Je ne suis pas un sale type. La preuve ? Je suis victime d'insultes homophobes. C'est aussi incongru qu'inattaquable. Et tellement emblématique de l'époque.

En plus de leur préférence sexuelle, ces ministres *outés* ont en commun leur jeune âge : entre 34 (Gabriel Attal et Sarah El Haïry) et 49 ans (Franck Riester).

Dans la génération du dessus, cela semble plus compliqué. La communication très emberlificotée d'Élisabeth Borne sur le sujet paraît d'un autre temps. Depuis qu'elle est arrivée à Matignon, le microcosme bruit de la rumeur de son homosexualité. En juillet 2022, le magazine *Elle* a bon espoir de réaliser l'interview *coming-out*. Que nenni ! Dans cet entretien, Élisabeth Borne assure : « Je n'habite pas avec mon compagnon, qui vit en partie en Bretagne, et je n'ai pas du tout envie de l'exposer. » Et lorsque les journalistes de *Elle* l'interrogent : « Qu'est-ce qui vous fait plaisir ? », elle insiste : « Retrouver mes amis, voir mon compagnon, mon fils… »

Un mois plus tard, paraissent dans *Closer* des photos d'Élisabeth Borne en train de courir sur la plage aux côtés de « J.-C., son amour secret ». Matignon confirme qu'il s'agit bien du « compagnon » précédemment mentionné, tandis qu'Élisabeth Borne n'a pas l'air particulièrement courroucée de cette violation de l'intimité de sa vie privée : « Je réalise après coup que ce n'était pas malin, j'aurais dû éviter d'aller dans un lieu trop touristique.» Sauf si ce footing avait été monté dans le cadre d'une opération déminage…

Quand *Têtu* remet le couvert ce même mois d'août 2022 : «Certaines rumeurs prétendent que vous auriez été en couple avec une femme. Comment réagissez-vous ?», elle dément : «Si c'est le cas, je ne vois pas pourquoi je ne l'aurais pas dit. D'ailleurs, j'ai déjà eu l'occasion d'évoquer mon compagnon.» Encore le «compagnon.»

Son identité est restée secrète jusqu'à ce que la journaliste Bérengère Bonte ne la révèle en mai 2023 dans la biographie qu'elle a consacrée à la Première ministre et qui porte bien son nom, *La Secrète*[1]. D'après ma consœur, «J.-C.» se nomme Patrice Obert et sur son blog, il dit qu'il est pacsé depuis 2021… avec une autre femme. Élisabeth Borne a assigné l'éditeur en justice une semaine après la sortie du livre. Dans son jugement du 30 juin 2023, le tribunal judiciaire de Nanterre a condamné l'éditeur pour violation de la vie privée et lui a accordé la suppression d'un passage relatif à «sa prétendue orientation sexuelle» dans toute nouvelle édition ou réimpression de l'ouvrage.

1. L'Archipel, 2023.

Et ne voilà-t-il pas que deux semaines après, le 17 juillet, la Première ministre profite du dîner de con(gédiés) à l'Élysée autour d'Emmanuel Macron pour venir avec son «compagnon.» Grande première. Elle récidivera moins de dix jours plus tard quand elle recevra, aux côtés du même, l'équipe gouvernementale remaniée pour un barbecue sur la pelouse de Matignon.

Elle n'aurait pu mieux répondre à l'agacement narquois que ce sujet inspire à l'entourage du chef de l'État: «Pourquoi tous ces chichis? Homme ou femme, on s'en fiche pas mal. Il ne faut pas se tortiller mais faire du judo pour donner mauvaise conscience aux autres.» On y revient toujours. Au judo et à la mauvaise conscience.

Tartufferies

Un lieu de villégiature grand-bourgeoise comme tant d'autres, une soirée d'été semblable à celles qui l'ont précédée et à celles qui suivront, de toute façon ça n'a pas d'importance, c'est toujours pareil, une tablée de privilégiés qui devisent en oubliant de s'émerveiller à l'instant où le soleil, ballon gonflé d'incandescence, vient se faire caresser par la mer avant qu'elle ne le subtilise pour la nuit en nous offrant, à nous, pauvres humains, en guise de dédommagement, plusieurs secondes d'un bonheur rose-orangé. Et là, une dame aux joues et aux seins rebondis monte dans les aigus en entendant sa voisine au chignon de danseuse se féliciter de la longueur de la plage privée de l'hôtel.

«Moi, je m'ennuie sur cette plage vide. Ce que j'aime, c'est prendre un petit parasol de supermarché et aller le planter au milieu des gens, sur la plage publique, et les regarder vivre, observer les familles, les gamins avec les pelles, les râteaux et les couches-culottes, la grand-mère avec son pliant et son bob, les serviettes rêches, les pique-niques dans la glacière. Et là, vous sortez un sandwich au thon et vous le mangez au milieu d'eux. Le peuple, c'est la vie ! »

La conteuse vivait intensément son histoire, au point que sa poitrine et ses pommettes paraissaient avoir encore gonflé. La bonne conscience serait-elle plus efficace que l'acide hyaluronique ? « Le peuple, c'est la vie ! » répéta-t-elle en s'oubliant sur la dernière syllabe. Clairement, ça lui donnait envie de chanter.

Tartufferie.

Tartufferie, j'écris ton nom. Un mot que l'on n'emploie plus assez. On a tort. Il (con)sonne si juste : les « t » font retentir le tamtam de la tromperie, les « f » le feulement de la félonie, l'un et l'autre se prenant les pieds dans ces « r » qui roulent la vérité dans la boue.

Si elle vivait en France, la dame rebondie prendrait un air doctement indigné pour dire que « la République n'est pas au rendez-vous ». Le nouveau cri de ralliement des bienpensants. Et personne n'oserait lui demander dans quel pays la République est au rendez-vous. Au Danemark ? En Russie ? Au Japon ?

Tartufferies

Les Tartuffes doivent rester à l'état d'ombres – chinoises, françaises, marocaines, italiennes, qu'importe. Les nommer, ce serait ajouter au malheur du monde.

Rouge-aveu

J'ai été saisie par l'image de Catherine Deneuve bravant ses 78 ans et son récent AVC en robe rouge et fendue sur le tapis de la Mostra. C'était le 31 août 2022. Elle allait recevoir le Lion d'Or d'honneur récompensant ses soixante ans de carrière dans le cinéma. Ce qui m'a époustouflée, ce n'est pas la beauté de la robe ou de celle qui la portait. C'était bien plus ou bien pire que cela. Catherine Deneuve n'avait pas renoncé à l'ardeur bravache du rouge sang, flamme, ravage, et on en passe, et on ne se moque pas, bien au contraire. Ne pas renoncer à ce rouge-là, c'est n'avoir renoncé à rien. La robe rouge-aveu de la Mostra, c'est la liberté ultime.

Regardez Hilary Clinton paradant sur le même tapis, l'œil pimpant certes, mais sa mise et sa posture étaient celles d'une dame résignée à accepter les dates de péremption notifiées par notre temps. L'inverse de Catherine Deneuve.

Les deux autres invitées à avoir choisi de se draper de rouge pour cette sérénissime soirée d'ouverture avaient respectivement la vigueur de leurs 21 ans – l'influenceuse américaine Emma Chamberlain – ou de leurs 31 ans – l'artiste anglaise Pixie Lott, mais elle avait un tantinet détourné la légende du rouge sur le tapis en optant pour un pantalon. Catherine Deneuve a plus de trois fois et demie l'âge de la première, et deux fois et demie l'âge de la seconde. Sa hardiesse n'en est que fortifiée. Surtout que, contrairement à Isabelle Huppert, elle n'est pas la Doriana Gray du cinéma français. Le temps a prise sur elle ; désormais, le parapluie de Cherbourg, on dirait qu'elle l'a avalé, mais ça ne fait rien, rien du tout, ou peut-être si : ça rend le magnétisme de ses yeux moins intimidant. De toute façon quand on la regarde, on ne voit pas seulement ce qu'elle est ; on voit aussi ce qu'elle a été. On voit Peau d'Âne dans sa robe couleur soleil chantant le cake d'amour.

Cinquante-deux ans ont passé et il ne viendrait à personne l'idée de parler d'elle autrement qu'en encensant sa vénérable splendeur. Cette canonisation n'est-elle pas la plus spectaculaire façon de négocier avec sa beauté lorsque l'on a plus de 70 ans ?

Brigitte Bardot n'a pas droit à pareil traitement. Pourquoi ces deux poids deux mesures ? Bien sûr, les sex-symbols vieillissent moins bien que les bourgeoises glacées-glaçantes. Bien sûr, l'une dansait le mambo (*Et Dieu… créa la femme*) quand l'autre s'adonnait à la valse de Vienne (*Mayerling*). Bien sûr, le fétichisme animalier et le fétichisme lepéniste de BB ont écorné l'icône. Mais la vraie raison est ailleurs : l'arrière-monde de Catherine Deneuve est demeuré inviolé. Parce qu'elle n'a jamais donné de leçons. Parce que, à la différence d'autres affranchies, elle n'a méprisé ni la bonne ni la mauvaise conscience. Elle s'est placée à juste distance d'elles deux. Et les a tenues en respect. On devrait enseigner cela aux enfants en cours d'éducation civique. Je plaisante à moitié.

Pour la xième fois depuis le début de ce livre, me voici en train de dévier de mon registre de prédilection, le portrait impressionniste en suspension, j'ai toujours aimé cette abstraction, ce nuage d'écritures qui me rattachait à la seule compréhension cérébrale, émotive et charnelle de mes personnages. La narration psychologico-politique qui valait par et pour elle-même. Le roman de la réalité. Ma zone de confort chérie. Je m'étais juré de ne jamais en sortir. À l'extérieur, il fallait prendre parti, s'engager. Tout ce que je fuyais. Tout ce qui m'effrayait. Je ne sais pas pourquoi je conjugue ce verbe à l'imparfait. Ça m'effraie encore. Mais l'époque m'a rattrapée. Le vent liberticide qui nous cingle a fini par avoir raison de ma bulle. Fallait-il qu'il soit violent. Et hargneux. Comme le loup qui, dans *Les Trois Petits Cochons*, souffle sur la maison de paille puis de bois jusqu'à les faire s'envoler.

Je dois avouer qu'avant de commencer ce livre, je n'avais pas voulu voir que ma bulle – qui jusque-là s'était montrée d'une résistance à toute épreuve – avait été soufflée. J'avais l'intention de m'adonner à ce que je sais faire : des fragments romanesques reliés par un joli fil. Mais très vite tout a été emporté par mon effarement devant les atteintes à mon autre passion : la liberté. Heureusement que l'une et l'autre sont des passions joyeuses… Du romanesque à la liberté.

Cela me ramène à Catherine Deneuve. Qu'on l'aime ou pas, il faut se rendre à l'évidence : Deneuve, c'est la France. Pour être la France, il faut être libre, vraiment libre, tout en ne paraissant pas désordonné. Liberté ordonnée commence par soi-même. L'ordre libre. Un concept à breveter. Cela suppose d'être capable de dépasser l'oxymore. L'interprète de *Belle de jour* a passé l'épreuve du feu : n'a-t-elle pas réussi à mettre son nom au bas de la tribune des femmes réclamant le droit de se faire «importuner» sans pour autant essuyer les critiques qui se sont abattues sur les autres signataires ?

Pour être la France, il faut être intouchable, mais pas solitaire à la Isabelle Adjani.

Enfin, il faut avoir une certaine idée de soi, mais pas dénuée d'humour. À preuve : son choix de jouer l'épouse de Jacques Chirac dans *Bernadette*, la comédie politique de l'automne. Pour une actrice ayant travaillé avec les plus grands, de Truffaut à Buñuel, le pari était risqué de tourner avec une jeune réalisatrice, Léa Domenach, dont c'était le premier long-métrage. La reine Catherine avait envie d'un rôle où il fallait savoir rire de soi. Tout est là.

Drôle d'époque, décidément

Je croyais la traquer, mais c'est elle qui me poursuit jusqu'au bout du monde. La tartufferie s'est invitée dans un séjour en Amérique centrale. J'ai profité de quelques heures de transit à Panama City pour aller visiter le canal. Les deux langues d'eau les plus célèbres du monde. Le chemin de traverse maritime creusé par l'homme vaille que vaille, coûte que coûte, en défiant (presque tous) les éléments pour relier rien moins que deux océans : le Pacifique et l'Atlantique. Une histoire épique, mortelle – pour plusieurs dizaines de milliers de gens sur presque trente-cinq ans –, des maladies, des pirates, de la cruauté, des intérêts commerciaux, géopolitiques et géostratégiques. Romanesque en diable, tout ce que j'aime.

Quand vous arrivez, on ne vous emmène pas tout de suite voir le mythique canal : on vous donne des lunettes 3D et on vous conduit dans une salle de cinéma. Vous y est proposé un film de quarante-cinq minutes qui n'a rien à envier aux productions hollywoodiennes. Les Panaméens ont mis le paquet : Morgan Freeman en voix off, une réalisation magistrale, des effets spéciaux en veux-tu en voilà. Mais surtout, des images vertigineuses de la nature, le film commence par ça, une plongée dans les profondeurs de la jungle, des Amérindiens qui s'y meuvent comme des poissons dans l'eau, un somptueux toucan qui vous regarde droit dans les yeux, puis un jaguar, et d'autres animaux dont je ne connais même pas le nom, leurs couleurs crèvent l'écran, on ne saurait mieux exalter la biodiversité – il faut dire que l'on se trouve dans l'un des endroits les plus exceptionnels du monde en la matière. Pour un peu, la voix off vous ferait croire que le canal a été construit pour protéger l'environnement et les autochtones. «Pas contre la nature, mais avec elle», énonce Morgan Freeman en parlant de l'ingénieur américain qui a réussi l'exploit de dompter les lacs.

Faut-il qu'ils aient une trouille bleue des écolos de tout poil et de tout pays pour en faire autant. À force, ils obtiennent l'effet inverse de celui escompté : on finit par ne plus entendre, en creux, que la musique de la culpabilité qu'ils s'évertuent à recouvrir. C'eût été moins suspect s'ils avaient dit quelques mots sur les coûts, les recettes, etc. Mais rien.

Quand vient le moment d'évoquer le dernier élargissement du canal afin de pouvoir accueillir les porte-conteneurs dernier cri, on ne vous présente pas ceux-ci comme les monstres des mers qu'ils sont, on vous fait de jolis schémas pour vous expliquer qu'il faut imaginer l'Empire State Building à l'horizontale – à savoir l'un des buildings les plus mythiques de la planète – et on vous raconte les prouesses des nouvelles écluses.

Le canal est dépeint comme une « merveille du monde » – l'expression revient au moins à trois reprises – en « harmonie avec la nature ». La voix off s'extasie une nouvelle fois sur cette « harmonie », tandis que la caméra s'en vient caresser un Amérindien sur sa pirogue, seul et en paix. On est censé comprendre que coexistent, dans la sérénité et la beauté s'il vous plaît, les traditions les plus ancestrales et les technologies les plus performantes du XXIe siècle.

Ce n'est pas pour rien que le film porte un titre à rallonge : *Panama Canal. A Land Divided, A World United.* Voyez-vous ça…

On n'est pas censé penser, surtout pas, à la prestation bouleversante d'un Robert Redford « seul en mer » – et sur la pellicule, car il est l'unique acteur du film – après avoir découvert à son réveil que la coque de son voilier avait été percutée par un conteneur à la dérive, et avant que l'inhumanité d'un porte-conteneurs (hé oui !) achève le travail de destruction... Mais chassons le drame, profitons de la virtuosité de ce *greenwashing* sur écran géant.

Une fois la projection finie, *exit* les lunettes de la virtualité : on est invité à aller contempler le canal de ses propres yeux. Et là, sur la terrasse en surplomb aménagée comme une salle de spectacle en plein air pour que les visiteurs puissent admirer l'ingénierie, tout autour de vous des animaux paradent... sur de grands panneaux. Décodage : n'allez pas croire que nous leur avons fait du mal en détruisant leur écosystème, nous n'avons pour eux que respect et amour, vous voyez bien sur ces belles photos qu'ils sont au cœur de toutes nos pensées. Et dans la boutique de souvenirs, à côté des inévitables produits dérivés – gourdes, mugs, casquettes à l'effigie du canal –, trônent de grands et beaux livres sur... la biodiversité de la région. Comme si le canal de Panama avait besoin d'être faussement repeint en vert pour prétendre au titre de merveille du monde... Drôle d'époque, décidément.

En regagnant le parking, on aperçoit, placardée sur le bâtiment dont on sort, The Miraflores Visitors Center, l'affiche géante du film – à laquelle on n'avait pas prêté attention en entrant. Debout dans sa pirogue, l'Amérindien avec son pagne est photographié de dos, pagaie en main, tandis qu'il contemple les gigantissimes portes des écluses de Miraflores en train de s'ouvrir sur un building flottant. La même image sans l'Amérindien ne m'aurait pas fait sursauter. Un peu comme si, pour tenter de faire croire à une unité qui n'existe pas, un promoteur de La Défense avait placé Vercingétorix au premier plan d'une photo des tours.

Quand la bonne conscience s'efforce d'écraser la mauvaise, elle manque souvent de subtilité.

Épilogue

Fille de la Lune

C'était mieux avant, ai-je écrit dans le prologue. Triste constat. Je ne m'y résous pas. Ni à ces quatre mots ni à la vérité qu'ils recouvrent. À la relecture, j'ai failli les enlever. Parce que je déteste l'idée d'être la fille qui a écrit cette phrase. Je l'ai laissée par honnêteté. C'est la première note. J'ai écrit ce livre pour la conjurer. Pour ne pas répondre aux tentations totalitaires de l'époque par la tentation réactionnaire, forcément réactionnaire, de la nostalgie. L'une nourrissant l'autre *ad nauseam*. Au secours.

Je suis partie de l'idée que la mauvaise conscience méritait que l'on fît son éloge. Il n'y a pas d'intelligence sans mauvaise conscience. Bonne conscience sans conscience n'est que ruine de l'âme. Mais la mauvaise conscience ne doit pas devenir le gouffre de toutes nos repentances.

On n'a pas accordé l'attention qu'il méritait au discours prononcé fin décembre 2022 par le Premier ministre des Pays-Bas Mark Rutte. Ce dernier a présenté des excuses « à titre posthume à tous les esclaves du monde entier qui ont souffert, à leurs filles et fils et à tous leurs descendants. » En précisant : « Je pensais que l'esclavage était une histoire loin derrière nous. J'avais tort. Des siècles d'oppression et d'exploitation affectent le présent, dans les stéréotypes racistes, la discrimination et l'inégalité sociale. » Relisez cette dernière phrase. Elle commence bien. Ces siècles, en effet, affectent le présent. Parce que l'esclavage existe toujours – en Mauritanie, Lybie, Pakistan, Inde, Népal, Moldavie, Bénin, pour ne citer que quelques pays. Mais Mark Rutte ne termine pas sa phrase en dénonçant ces poches d'esclavagisme, il ne dit pas un mot des ouvriers morts par centaines sur les chantiers du Qatar (dont les relations avec les Pays-Bas vont très bien, merci). Non, il finit en épousant la théorie décoloniale qui depuis vingt ans ne cesse de progresser dans les universités occidentales : aux yeux des décolonialistes, l'hégémonie des pays colonisateurs ne s'est pas arrêtée avec la décolonisation – ce qui implique, à les en croire, qu'il importe maintenant de « déconstruire » tout ce qui la prolonge. Le chef du gouvernement néerlandais a franchi un pas inédit entre la reconnaissance de l'esclavage comme « crime contre l'humanité » et l'idée qu'elle crée une responsabilité pour les descendants des uns vis-à-vis des descendants des autres. Ce saut conceptuel et politique est vertigineux.

Le décolonialisme présente un avantage comparatif inégalable pour qui veut se donner bonne conscience ; il permet la jonction entre le capitalisme le plus décomplexé et le gauchisme le plus nihiliste. Illustration plus-que-parfaite : pourtant surnommé « le radin » au sein des institutions européennes en raison de ses positions systématiquement hostiles aux politiques de redistribution envisagées par Bruxelles, Mark Rutte est allé jusqu'à annoncer la création d'un fonds de deux cents millions d'euros. Ouvrant de ce fait la voie au principe de réparation, c'est-à-dire à l'idée qu'il puisse y avoir une responsabilité collective qui se répercute à travers les âges. Une transmission de culpabilité par-delà les générations.

Glaçant.

N'est-il pas temps d'arrêter de battre notre coulpe déraisonnablement sous la pression de donneurs de leçons qui exaltent leurs différences et nos fautes réelles ou présumées ? Mais regardons en face les cas de conscience. Dans leur ambivalence. À la fois cas par cas et principiellement. Prenons-les à bras-le-corps, la tête et le cœur. La voie de l'apaisement est là, et nulle part ailleurs. Et puis qu'est-ce qu'un cas de conscience sinon un «éveil»? «*Stay woke*», devrait-on dire ici aussi. On ne va pas laisser le privilège de «l'éveil» aux communautaristes. Sachant, et je n'en démordrai pas, que la mauvaise conscience permet de rester plus «éveillé» que la bonne…

Pendant tout le temps qu'a duré l'écriture de ce livre-plongée dans l'intimité de l'époque, je me suis demandé si l'on était, mes personnages et moi, et les autres aussi, condamnés à voltiger telles des feuilles perdues dans les vents du temps, entre la bienheureuse bonne conscience et les méandres épuisants de la mauvaise conscience. Si tout cela n'était qu'une question de degré, de curseur. Je cherchais la preuve, vivante, qu'il existait un mode d'être-au-monde permettant d'échapper à ces fichues catégories. Sans même avoir eu maille à partir avec elles. Sans même avoir eu à s'en libérer. Quelqu'un qui, contrairement à NKM-l'affranchie-de-la-conscience, n'aurait même pas besoin de leur opposer du mépris. Qui tomberait de la Lune, quoi. C'est en songeant aux pierres de Lune que je l'ai trouvée : Amélie Nothomb. La fille à la peau couleur pierre de Lune.

Quand on la rencontre sans fard ni couvre-chef, il n'y a rien pour détourner l'attention de son teint lunaire et de ses yeux dévorants. Ils prennent toute la place. Leur clarté brûle. Et l'on comprend pourquoi elle se grime autant avant de se présenter à ses contemporains. Des chapeaux gothiques, des breloques baroques, des poudres, du rouge diva sur les lèvres, des atours noirs noirs noirs pour faire contraste avec la lumière extraterrestre : il faut cacher l'authentique étrangeté derrière des artifices étranges.

Est-ce pour tenter de briser les triples épaisseurs de glace – à moins que ce ne soit du titane – qui la séparent de ses pairs qu'elle a décidé qu'elle aimait boire du champagne? Malheureusement les bulles, fût-ce en quantité déraisonnable, n'ont pas ce pouvoir. Mais chuuuuut, il ne faut pas le lui dire, elle est si irrésistiblement attachante telle qu'elle est…

C'est comme sa façon, quand vous partagez un repas avec elle, de s'extasier sur tout, la qualité des fameuses bulles, la nourriture, même quand ni les unes ni l'autre n'en méritent tant; elle a compris que c'est ainsi que procèdent les terriens, alors ainsi soit-il – et comme elle est vraiment gentille – dans le très bon sens du terme – et qu'elle veut bien faire, elle met le paquet. Prenez son rire. Longtemps j'ai cru qu'elle avait le rire-lâcher-prise des gens de bonne famille faisant profession de fantasquerie. À présent j'ai compris que c'était la magnifique imitation de ce rire-là, imperceptiblement forcée. Toujours subsiste un décalage, très léger, quelques toutes petites secondes, entre le moment où survient un événement, une question, une émotion, et le moment où elle réagit. Le temps d'arriver de la Lune – et de se composer un visage de circonstance.

Sa manière de prendre congé est au diapason : à la fin d'une interview, d'un enregistrement, on pense avoir le temps de faire quelques phrases gratuites, mais à chaque fois c'est pareil : déjà elle se lève, une poignée de secondes plus tard elle est partie. Ce n'est pas une posture, encore moins une coquetterie. C'est la marque de son inaptitude à jouer le jeu social, en dépit de ses efforts. Et c'est cela qui est merveilleux. La tartufferie lui est une langue étrangère. Pour elle-même, mais aussi pour autrui.

Je me souviens d'un jour, le seul, et c'était un soir, où j'ai tenté de parler politique avec elle. J'ai fait rouler la conversation sur Sandrine Rousseau ; par extrême courtoisie et bonne éducation, elle a fait mine d'être intéressée, mais j'ai senti qu'elle savait à peine qui c'était et n'en pensait pas grand-chose. Elle était néanmoins prête à en discuter avec moi si cela me faisait plaisir. C'est l'inverse de la charmante Louise Bourgoin, que j'ai eu l'occasion d'interviewer longuement une poignée de semaines plus tard : la politique l'intéresse beaucoup, mais elle s'interdit d'en dire le moindre mot aux journalistes. Par prudence. Dit autrement : notre actrice a les deux pieds sur terre, loin, très loin de la Lune. Durant cet entretien, elle m'a confié une seule chose qui ne soit pas aussi lisse que ses cheveux : «Je pense que le genre est une fiction et qu'on peut avoir envie de changer de fiction. Moi je ne veux pas être en transition pour devenir un homme chimiquement, mais je me sens virile ou *gender fluid* ; je ne me sens pas être épidermiquement une femme.» Après coup, elle a demandé que je retire cette citation de l'article. Son attachée de presse m'a appelée pour me dire qu'elle regrettait de s'être laissé aller à tenir des propos engagés sur le genre.

Voilà bien une chose qui n'arrivera jamais avec Amélie Nothomb. Parce qu'elle est à mille milles de toute idée du politiquement correct et de son pendant prétendument incorrect. À mille milles à la fois de Annie Ernaux et de Michel Houellebecq. Sa liberté est totale. Je crois que c'est pour cela qu'elle me touche autant. Est-ce aussi pour cela qu'elle n'a pas vraiment sa carte, comme on dit aujourd'hui ? Au siècle dernier, «avoir sa carte» signifiait une seule chose : être membre du Parti. Communiste, cela va sans dire.

Désormais, l'expression signifie être protégé – et rendu attirant – par un préjugé social et médiatique favorable. Si la sémantique a migré, c'est que les temps ont changé : il faut dire que l'actuel patron du PC, Fabien Roussel, réussit à dire ce que les républicains de tous bords ont envie d'entendre… Allons bon, que Fabien Roussel se rassure, la mutation est très largement antérieure à sa prise de fonction.

Mais revenons aux titulaires de la « carte » : Mario Vargas Llosa a sa carte, il a même réussi à rentrer à l'Académie française alors qu'il n'a jamais écrit un livre en français ; Guillaume Musso n'aura jamais sa carte, et on ne saurait le déplorer. Amélie Nothomb, c'est autre chose. La pureté de son écriture, livre après livre plus saillante – le paroxysme étant atteint dans son dernier[1], qui est d'ailleurs moins un roman qu'une voltige-vertige dans les entrailles de l'écriture –, aurait dû lui valoir cette carte depuis bien longtemps. Je me console en me disant que le jour où elle finira par l'avoir, cette fichue carte, le fait de se l'être vu refuser trente ans durant lui vaudra d'emblée un format XL.

En attendant, à chaque rentrée littéraire, l'*intelligentsia* accueille son nouveau roman avec une certaine distance. Le Paris-des-gens-qui-comptent n'en dit certes

1. *Psychopompe*, Albin Michel, 2023.

pas de mal, mais point trop de bien non plus. Son succès populaire leur sert d'alibi : «Nothomb n'a pas besoin de prix pour que ses livres se vendent comme des petits pains!» Facile. Si elle était des leurs, elle aurait eu le Goncourt depuis belle lurette. Elle n'aurait pas dû publier trente livres pour se voir enfin décerner le Renaudot – c'était en 2021 pour *Premier Sang*[1], le livre où elle dit «je» à la place de son père, le diplomate belge Patrick Nothomb, mort en mars 2020.

Au moment de la sortie de ce très beau texte, elle m'avait émue en me racontant une scène qui n'est pas dans le roman : «Comme il est mort au début du confinement, je n'ai pu me rendre sur sa tombe que fin juillet. Pendant tous ces mois d'attente, j'avais souvent eu le fantasme de me coucher à plat ventre sur sa tombe. Quand j'ai pu y aller, je l'ai fait. Après tout, personne à droite, personne à gauche, petit cimetière de village, personne ne me voit, allez vas-y. Je reste un quart d'heure comme ça, le visage sur la tombe, les bras écartés.» Elle s'était arrêtée pour mimer. «Et là, ce fut absolument grandiose. La rencontre. On est dans l'irrationnel pur et simple. Mais il m'avait attendue. Je sentais son âme qui montait et qui venait au-devant de la mienne. Vous en pensez ce que vous

1. Albin Michel, 2021.

voulez. » J'ai souri. Elle : « Vous pensez que vous avez affaire à une dingue ? » Je n'ai jamais pensé qu'elle était dingue. Ce serait trop simple. Je l'ai toujours lue, et vue, comme une porte ouverte sur l'échappée belle. L'échappée vers l'ailleurs. Mais ce jour-là, je n'avais pas encore compris de quel au-delà venait cette lumière. Je n'avais pas encore compris ce qui à présent m'apparaît comme une évidence réjouissante : elle est fille de la Lune.

Ça l'immunise contre toutes nos bêtises.

Table des matières

La photocomposition de cet ouvrage
a été réalisée par
GRAPHIC HAINAUT
76, rue de Nancy
59100 Roubaix

Imprimé en France par
CPI Firmin-Didot
en octobre 2023

Pour plus d'information :

www.lisez.com

Imprimé sur du papier issu de forêts gérées durablement.

N° d'édition : 66439/01 – N° d'impression : 176669